論文・レポート作成に使う Word 2016 活用法

スタイル活用テクニックと数式ツールの使い方

相澤裕介●著

本書で取り上げられているシステム名／製品名は、一般に開発メーカーの登録商標／商品名です。本書では、™および®マークを明記していませんが、本書に掲載されている団体／商品に対して、その商標権を侵害する意図は一切ありません。

はじめに

　本書を手にした皆さんは、これから卒業論文の執筆を開始する方、もしくは卒業論文を書き始めてみたものの『Wordの便利な使い方がよくわからない…』という方が多いと思います。1～2ページ程度の文書であれば、適当にWordを操作して文書を作成することも不可能ではありません。しかし、卒業論文のように何十ページにもなる文書を作成するには、Wordの上手な使い方を学んでおく必要があります。これを理解しないまま文書を作成していくと、必要以上に手間がかかったり、思いどおりのレイアウトに仕上がらなかったりする恐れがあります。

　すでにWordの使用経験がある方は、フォントや文字サイズの変更といった簡単な編集作業を問題なく行えると思います。しかし、これだけの知識で何十ページにも及ぶ文書を効率よく作成できるとは限りません。そのつど書式を指定していくだけでも面倒な作業になりますし、目次の作成や図表番号の扱いなどを自動化できないと、余計な手間をかけて文書を作成することになります。

　長い文書をWordで作成するときは、スタイルやアウトライン レベルを上手に活用することがポイントとなります。これらの使い方を知っている場合とそうでない場合では、作業効率に雲泥の差が出ます。そのほか、画像の扱い、表、グラフ、数式の作成など、必要となる機能の使い方を調べながら作業しているようでは、肝心の文書作成に集中できません。卒業論文の作成に追われる忙しい時期だからこそ、本書を一読してWordの上手な使い方を習得しておいてください。遠回りのように見えても、最終的には短い期間で卒業論文を仕上げられると思います。

　本書は「卒業論文の作成」に的を絞ってWordの使い方を解説した書籍です。もちろん、本書で学んだ内容を他の文書作成に活かすことも可能です。文書作成に役立つ機能がひととおり解説されているため、本書で学習した内容をさまざまな場面に応用できると思います。就職して社会人になった後も、Wordを使った文書作成は必須のスキルとなります。この機会にぜひ、Wordの上手な使い方を習得しておいてください。本書がその一助になれば幸いです。

2016年3月　相澤 裕介

◆サンプルデータについて

　本書の解説で使用したサンプルデータは、以下のURLからダウンロードできます。Wordの使い方を学ぶときの参考としてください。

　　http://cutt.jp/books/978-4-87783-392-3/

目 次

第 1 章　Wordの基本　　　　　　　　　　　　　　　　1

1.1　Wordの起動と文字入力 ·· 2
- **1.1.1**　Wordの起動 ·· 2
- **1.1.2**　文字の入力 ·· 5
- **1.1.3**　タブとリボン ·· 6

1.2　文字の書式 ·· 8
- **1.2.1**　文字書式の指定手順 ·· 8
- **1.2.2**　フォント／文字サイズ／文字色 ·· 10
- **1.2.3**　太字／斜体／下線 ·· 14
- **1.2.4**　上付き／下付き ·· 15
- **1.2.5**　「フォント」ウィンドウ ·· 16

1.3　段落の書式 ·· 17
- **1.3.1**　段落とは…？ ·· 17
- **1.3.2**　段落書式の指定手順 ·· 18
- **1.3.3**　行揃え ·· 19
- **1.3.4**　インデント ·· 21
- **1.3.5**　行間 ·· 22
- **1.3.6**　段落前後の間隔 ·· 27
- **1.3.7**　「段落」ウィンドウ ·· 28

1.4　ページ設定 ·· 30
- **1.4.1**　用紙サイズの指定 ·· 30
- **1.4.2**　余白の指定 ·· 31
- **1.4.3**　「ページ設定」ウィンドウ ·· 32
- **1.4.4**　2段組みの指定 ·· 35

1.5 文書ファイルの保存 39
- 1.5.1 文書ファイルの保存方法 39
- 1.5.2 文書ファイルの読み込み 41
- 1.5.3 文書ファイルの上書き保存 42
- 1.5.4 OneDriveについて 43

1.6 その他、覚えておくべき基本機能 49
- 1.6.1 画面表示の拡大／縮小 49
- 1.6.2 文書の印刷 50
- 1.6.3 編集記号の表示／非表示 51
- 1.6.4 改ページ／セクション区切り 54
- 1.6.5 コピー／貼り付け 59
- 1.6.6 元に戻す／やり直し 59
- 1.6.7 操作アシストの活用 60

第2章　論文作成の基本テクニック　　　61

2.1 卒業論文の書き方 62
- 2.1.1 卒業論文の書き方 62
- 2.1.2 卒業論文を執筆するときの注意点 67

2.2 用紙と本文の書式設定 69
- 2.2.1 用紙サイズと余白の指定 69
- 2.2.2 文字数と行数の指定 71

2.3 スタイルの活用 73
- 2.3.1 スタイルとは…？ 73
- 2.3.2 スタイルの作成 74
- 2.3.3 スタイルの適用 77
- 2.3.4 スタイルの編集 80
- 2.3.5 文字スタイル 83
- 2.3.6 スタイルを快適に利用するために 87

2.4 アウトライン レベルの指定 ・・・ 94
2.4.1 アウトライン レベルとは…？ ・・・・・・・・・・・・・・・・・・・・・・・・・ 94
2.4.2 アウトライン レベルの指定 ・・・・・・・・・・・・・・・・・・・・・・・・・・・ 94
2.4.3 スタイルにアウトライン レベルを指定 ・・・・・・・・・・・・・・・ 96

2.5 見出し番号の自動入力 ・・・・・・・・・・・・・・・・・・・・・・・・・・・・・・・・・・ 99
2.5.1 見出し番号を自動入力する場合の設定手順 ・・・・・・・・・・ 99
2.5.2 見出し番号の配置調整 ・・・・・・・・・・・・・・・・・・・・・・・・・・・・・・・ 106

2.6 スタイルの確認 ・・・ 109
2.6.1 本文（標準）のスタイル ・・・・・・・・・・・・・・・・・・・・・・・・・・・・・ 109
2.6.2 章見出しのスタイル ・・・・・・・・・・・・・・・・・・・・・・・・・・・・・・・・・ 112
2.6.3 節見出しのスタイル ・・・・・・・・・・・・・・・・・・・・・・・・・・・・・・・・・ 113
2.6.4 項見出しのスタイル ・・・・・・・・・・・・・・・・・・・・・・・・・・・・・・・・・ 115
2.6.5 文字スタイルについて ・・・・・・・・・・・・・・・・・・・・・・・・・・・・・・・ 116

2.7 表紙と概要の作成 ・・・・・・・・・・・・・・・・・・・・・・・・・・・・・・・・・・・・・・ 117
2.7.1 表紙の作成 ・・・ 117
2.7.2 概要の作成 ・・・ 122
2.7.3 セクション区切りの挿入 ・・・・・・・・・・・・・・・・・・・・・・・・・・・・ 125

2.8 ページ番号と目次 ・・・・・・・・・・・・・・・・・・・・・・・・・・・・・・・・・・・・・・ 127
2.8.1 文書構成の作成 ・・・・・・・・・・・・・・・・・・・・・・・・・・・・・・・・・・・・・ 127
2.8.2 ページ番号の配置 ・・・・・・・・・・・・・・・・・・・・・・・・・・・・・・・・・・・ 128
2.8.3 目次の作成 ・・・ 133
2.8.4 目次の書式設定 ・・・・・・・・・・・・・・・・・・・・・・・・・・・・・・・・・・・・・ 136
2.8.5 目次の更新 ・・・ 140

2.9 謝辞と参考文献 ・・・ 142
2.9.1 謝辞の作成 ・・・ 142
2.9.2 参考文献の作成 ・・・・・・・・・・・・・・・・・・・・・・・・・・・・・・・・・・・・・ 145
2.9.3 目次の更新 ・・・ 150

第3章　図表と数式　　　　　　　　151

3.1 画像の挿入と図表番号 ……………………………………………… 152
- 3.1.1 画像の挿入とサイズ調整 ………………………………………… 152
- 3.1.2 画像の配置 ………………………………………………………… 156
- 3.1.3 図表番号の挿入 …………………………………………………… 157
- 3.1.4 図表番号の書式設定 ……………………………………………… 160
- 3.1.5 相互参照の挿入 …………………………………………………… 161
- 3.1.6 図表番号の更新 …………………………………………………… 164

3.2 表の作成と編集 ……………………………………………………… 166
- 3.2.1 表の作成 …………………………………………………………… 166
- 3.2.2 表内の文字の書式 ………………………………………………… 169
- 3.2.3 罫線の書式指定 …………………………………………………… 171
- 3.2.4 表の配置 …………………………………………………………… 174
- 3.2.5 図表番号の挿入 …………………………………………………… 177
- 3.2.6 相互参照の挿入 …………………………………………………… 179

3.3 グラフの作成と編集 ………………………………………………… 181
- 3.3.1 グラフの作成 ……………………………………………………… 181
- 3.3.2 グラフの配置 ……………………………………………………… 185
- 3.3.3 グラフの編集 ……………………………………………………… 186
- 3.3.4 図表番号の挿入 …………………………………………………… 190

3.4 数式の入力 …………………………………………………………… 192
- 3.4.1 数式の入力 ………………………………………………………… 192
- 3.4.2 文中数式の入力 …………………………………………………… 199
- 3.4.3 数式番号の挿入 …………………………………………………… 202

第4章　論文作成を補助する機能　　207

4.1 ナビゲーション ウィンドウ　　208
4.1.1 ナビゲーション ウィンドウの表示　　208
4.1.2 指定箇所の表示　　209
4.1.3 文章構成の変更　　210

4.2 検索と置換　　211
4.2.1 検索の実行手順　　211
4.2.2 置換の実行手順　　213

4.3 文章の校正　　216
4.3.1 スペルチェックと文章校正　　216

4.4 PDFファイルの作成　　219
4.4.1 PDFファイルに変換して保存　　219
4.4.2 PDFファイルの設定　　223

索引　　226

第1章

Wordの基本

- 1.1　Wordの起動と文字入力
- 1.2　文字の書式
- 1.3　段落の書式
- 1.4　ページ設定
- 1.5　文書ファイルの保存
- 1.6　その他、覚えておくべき基本機能

第1章では、Wordの基本操作について解説します。Wordを使って文書を作成するときに必要となる操作なので、よく学習しておいてください。すでにWordを活用している方も基本操作の復習として一読しておくとよいでしょう。

1.1 Wordの起動と文字入力

まずは、Wordを起動するときの操作手順と文字入力について解説します。白紙の状態から文書を作成するときは、以降に示した手順でWordを起動します。

1.1.1 Wordの起動

Wordを使って文書を作成するには、最初にWordを起動しておく必要があります。この操作手順は、他のアプリケーションを起動する場合と同じです。Windows 10の**スタートメニュー**を開き、「**すべてのアプリ**」から「Word 2016」を選択します。

また、スタートメニューに「**Word 2016**」の**タイル**が登録されている場合は、タイルをクリックしてWordを起動することも可能です。「Word 2016」のタイルが表示されていない場合は、以下のように操作すると「Word 2016」のタイルをスタートメニューに追加できます。

Wordを起動すると、最初に以下のような画面が表示されます。この画面で「**白紙の文書**」をクリックすると、何も入力されていない文書が画面に表示されます。

1.1.2 文字の入力

　白紙の文書を表示できたら、文書に文字を入力していきます。この操作について特筆すべき点はありません。他のアプリケーションと同様に、キーボードを使って文字の入力や漢字変換を行います。文章を改行するときは [**Enter**] **キー**を押します。この操作も一般的なアプリケーションと同じです。

　起動直後のWordは入力モードが**全角入力モード**になっているため、そのままキーを押していくだけで日本語の文章を入力できます。半角の英数字を入力するときは、[**半角/全角**] **キー**を押して入力モードを切り替えてください。

1.1.3 タブとリボン

Wordでは**タブ**と**リボン**を使って編集作業を進めていきます。続いては、タブとリボンについて解説しておきます。

■タブ

最初にタブで大まかな操作を指定します。選択したタブに応じてリボンに表示される内容（コマンド）が切り替わります。

■リボン

操作コマンドの一覧がアイコンなどで表示されます。表示されるコマンドは選択しているタブに応じて変化します。たとえば［挿入］タブを選択すると、リボンの表示は次ページに示した図のように変化します。

図1-1　［挿入］タブを選択したときのリボンの表示

　リボンに表示されるコマンドは、ウィンドウの幅に応じて配置が変化する仕組みになっています。たとえば、［ホーム］タブを選択した状態でウィンドウの幅を小さくすると、リボンの表示は以下の図のようになり、一部のコマンド（この例では「編集」の領域）がサブメニューとして配置されるようになります。

図1-2　ウィンドウの幅を小さくしたときのリボンの表示

　このように、リボンの表示は各自の環境に応じて変化する仕組みになっています。リボンの操作を行うときは、「位置」ではなく「図柄や文字」で操作すべきアイコンを探し出すようにしてください。

1.2 文字の書式

　ここからは、文書に入力した文字の書式を指定する方法を解説していきます。文字の書式を指定するときは［ホーム］タブのリボンを利用するのが一般的です。

1.2.1 文字書式の指定手順

　文字の書式を指定するときは、マウスをドラッグして文字を選択し、［ホーム］タブのリボンで書式を指定します。

また、先に書式を指定しておく方法もあります。この場合は、［ホーム］タブで書式を指定してから文字の入力を行います。

書式の引き継ぎ

　文書の途中に文字を入力した場合は、その直前にある文字の書式が引き継がれる仕組みになっています。このため、特に書式指定を行わなくても、直前の文字と同じ書式で文字を入力することが可能です。

1.2.2 フォント／文字サイズ／文字色

それでは、文字の書式を指定するコマンドについて解説していきましょう。まずは、文字の書式の基本となるフォント／文字サイズ／文字色の指定方法を解説します。

フォントは書体を指定する書式で、最初は「游明朝」というフォントが指定されています。これを他のフォントに変更するときは「**フォント**」の▼をクリックし、一覧からフォントを選択します。

図1-3 代表的なフォントの例

日本語フォントと欧文フォント

　フォントは「日本語フォント」と「欧文フォント」の2種類があります。このうち「欧文フォント」は半角文字にだけ対応するフォントとなるため、漢字などの全角文字に「欧文フォント」を指定すると、その操作は無視されてしまいます。
　フォントの一覧（すべてのフォント）には「日本語フォント」→「欧文フォント」の順番で、それぞれフォントがABC順に並んでいます。この並び順を見ることでフォントの種類を見分けることができます。

プロポーショナルフォントと等幅フォント

　「MSP 明朝」や「HGP ゴシックE」のように、フォント名に「P」の文字が含まれるフォント（プロポーショナル フォント）は、文字の形状に応じて文字間隔を詰めて配置するフォントとなります。一方、「MS 明朝」や「HG ゴシックE」のように、フォント名に「P」の文字が含まれないフォント（等幅フォント）は、全ての文字が等間隔で配置される仕組みになっています。このように、同じ書体であっても、文字の配置方法に違いがあることを覚えておいてください。
　なお、「HGS ゴシックE」のように、フォント名に「S」の文字が含まれるフォントは、縦書き用に最適化されたフォントとなります。

文字サイズを変更するときは、「**フォント サイズ**」の⌄をクリックし、一覧から文字サイズを選択します。

文字サイズも自由自在

文字サイズも自由自在

文字サイズも自由自在

文字サイズも自由自在

文字サイズも自由自在

図1-4　文字サイズの例

フォント サイズの単位

文字サイズは**ポイント**（**pt**）という単位で指定します。1ポイントは1／72インチになるため、メートル法に換算すると約0.352778mmになります。このため、10.5ポイントの文字は約3.7mm四方の文字サイズになります。

数値を直接入力して文字サイズを指定

　一覧にない文字サイズを指定するときは、「フォント サイズ」のボックス内に数値を直接入力して文字サイズを指定します。ただし、文字サイズの最小単位は0.5ポイントとなるため、「10.3」のように0.5で割り切れない数値を指定することはできません。

　文字色を変更するときは、■（**フォントの色**）の▼をクリックし、一覧から色を選択します。

　なお、この一覧から「**その他の色**」を選択すると「**色の設定**」**ウィンドウ**が表示され、好きな色を自由に指定できるようになります。

図1-5 「色の設定」ウィンドウ

1.2.3 太字／斜体／下線

　文字を**太字**や**斜体**にしたり、**下線**や**取り消し線**を引いたりする場合は、以下に示したアイコンで書式を指定します。アイコンをクリックするごとに各書式の有効／無効が切り替わります。

図1-6　太字／斜体／下線／取り消し線の例

1.2.4　上付き／下付き

　同様の手順で**上付き**や**下付き**の書式を指定することも可能です。下付きの書式は、化学式を記述する場合などに利用できます。上付きの書式は、参考文献や脚注の番号を記す場合などに利用できます。

図1-7　上付き／下付きの例

さらに斜体の書式を組み合わせて、x^2 や x_n などの文字を記述することも可能ですが、一般的な数式で使用されるイタリック（斜体）にはならないことに注意してください。x^2 や x_n のように表記するには、**数式ツール**を使用しなければいけません。数式ツールの使い方については、本書の3.4節（P192〜）で詳しく解説します。

1.2.5 「フォント」ウィンドウ

これまでに紹介してきた文字の書式は、「**フォント**」**ウィンドウ**でも指定できます。念のため、使い方を覚えておくとよいでしょう。「フォント」ウィンドウを使用するときは、［ホーム］タブのリボンで「フォント」の領域にある をクリックします。

「フォント」ウィンドウの［**フォント**］**タブ**では、フォント、文字サイズ、文字色、太字／斜体／下線などの書式を指定できます。「二重取り消し線」や「小型英大文字」のように、［ホーム］タブには用意されていない書式もあります。［**詳細設定**］**タブ**では、文字の縦横比や文字間隔などを変更することができます。

1.3 段落の書式

　続いては、段落の書式について解説します。以降に示す書式は、「文字」ではなく「段落」に対して指定する書式となります。文書のレイアウトにも関わる書式なので、各書式の意味や指定方法をよく理解しておいてください。

1.3.1 段落とは…？

　Wordは、文章の始まりから改行までを1つの**段落**とみなします。よって、[**Enter**]**キー**を入力する毎に段落が区切られていきます。この考え方は一般的な「段落」と大差がないため、特に混乱することなく作業を進められると思います。ただし、「1行だけの文章」や「見出し」も1つの段落として扱われることに注意してください。

1.3.2 段落書式の指定手順

　段落の書式を指定するときは、最初に書式指定の対象とする段落を選択しておく必要があります。段落を選択するときは、以下のいずれかの操作を行います。

　　① 段落全体を選択する
　　② 段落内の一部の文字を選択する
　　③ 段落内にカーソルを移動する

　続いて［ホーム］タブのリボンを操作すると、段落の書式を指定できます。もちろん、②や③の方法で段落を選択した場合も、段落全体に書式が適用されます。

1.3.3 行揃え

それでは、段落の書式について解説していきましょう。まずは各行を揃える位置を指定する**行揃え**について解説します。Wordには、以下の5種類の行揃えが用意されています。

これらのうち一般的によく使用されるのは、「**両端揃え**」「**中央揃え**」「**右揃え**」の3種類です。文字の配置は、それぞれ以下の図のようになります。

「左揃え」と「両端揃え」はよく似た配置になりますが、右端の処理方法が異なることに注意してください。**「両端揃え」**を指定した場合は、文字と文字の間隔が自動調整されるため、文章の両端を揃えて文字を配置できます。一方、**「左揃え」**を指定した場合は、文字と文字の間隔が自動調整されないため、プロポーショナルフォント（P11参照）を使用したり、文章中に半角文字を入力したりしたときに、文章の右端が揃わない場合があります。

　「均等割り付け」は、文書の幅全体に文字を等間隔で配置する場合に指定します。ただし、論文などの文書では「均等割り付け」を利用する機会はほとんどありません。

1.3.4 インデント

　段落の左側に余白を設けるときは**インデント**という書式を利用します。［ホーム］タブにある▣（**インデントを増やす**）をクリックすると、1文字分（10.5pt）の余白が左側に設けられます。さらに▣をクリックしていくと、2文字分、3文字分、…の余白を設けることができます。

　指定したインデントを解除するときは▣（**インデントを減らす**）をクリックします。こちらは、アイコンを1回クリックする毎に1文字分ずつ余白が削減されていきます。

　なお、段落の右側に余白を設ける**右インデント**を指定することも可能です。この場合は、「**段落**」**ウィンドウ**を使って書式指定を行います（P28～29参照）。

1.3.5 行間

　続いては、段落の**行間**を指定する方法を解説していきます。行間の指定は少々難しく、普段からWordを使用している方でも、その仕組みをよく理解できていない方がいるようです。この機会に、基本的な考え方を把握しておいてください。

　まずは、行間を視覚的に確認するために**グリッド線**を表示します。[**表示**]**タブ**を選択し、「**グリッド線**」の項目をチェックします。

グリッド線の消去

　グリッド線を非表示の状態に戻すときは、[表示]タブのリボンで「グリッド線」のチェックを外します。

　Wordでは、「1行の高さ」を基本単位として行間を指定します。この「1行の高さ」をわかりやすく示したものがグリッド線です。初期設定では「1行の高さ」=18ポイントに設定されているため、グリッド線も18ポイント間隔で表示されます。

試しに、グリッド線を表示した状態で文書に文字を入力すると、グリッド線と同じ行間（18ポイント）で文字が配置されていくのを確認できると思います。

ただし、文字サイズを変更した場合はこの限りではありません。初期設定では、10.5ポイントまでの文字が「1行分の行間」に収まり、11ポイント以上の文字は自動的に「2行分の行間」が確保される仕組みになっています（游明朝の場合）。

また、指定しているフォントに応じて行間が変化することも覚えておく必要があります。たとえば、フォントに「MS明朝」を指定した場合は、13.5ポイントまでの文字が「1行分の間隔」に収まり、14ポイント以上の文字が「2行分の行間」で配置されるようになります。

図1-8　フォントが「游明朝」の場合　　図1-9　フォントが「MS明朝」の場合

このように、Wordは「フォント」や「文字サイズ」に応じて行間が自動的に変化する仕組みになっています。

行間を変更するときは、[ホーム] タブにある （**行間**）をクリックし、一覧から行間を選択します。この一覧に表示されている数値の単位は「1行の高さ」となります。たとえば「2.0」を選択すると、その段落の行間を2行分に指定できます。

ただし、この方法は行間を大雑把にしか指定できないため、あまり利用する機会は多くありません。行間を細かく指定したい場合は、「**段落**」ウィンドウを使用する必要があります。たとえば、行間を14ポイント（14pt）に変更するときは、次ページに示した手順で書式指定を行います。

① 行間を変更する段落内の文字を選択します。続いて、(行間)をクリックし、「**行間のオプション**」を選択します。

② 「**段落**」ウィンドウが表示されるので、「**行間**」に「**固定値**」を選択します。

③ 行間をポイント単位で指定できるようになります。ボックス内に適当な数値を入力し、[OK]ボタンをクリックします。

④ 選択していた段落の行間が、指定した値（14pt）に変更されます。

行間をミリ単位で指定

行間を指定するボックスに「10mm」や「12mm」のように数値を入力し、ポイント（pt）ではなくミリ（mm）を単位として行間を指定することも可能です。

1.3.6 段落前後の間隔

段落前または**段落後**に指定したサイズの間隔を設ける書式も用意されています。この書式も「**段落**」**ウィンドウ**で指定するのが一般的です。

段落前、段落後の間隔を指定

この書式の初期値には「0行」が指定されており、右端の ▲▼ をクリックする毎に値が0.5行ずつ増減していきます。初期設定では「1行」＝18ポイントになるため、▲▼ をクリックする毎に9ポイントずつ間隔が増減することになります。

この書式は、見出しの前に適当な間隔を設ける場合などに活用できます。たとえば「段落前」に「2行」の間隔を指定しておくと、[Enter]キーで改行しなくても見出しの前に適当な間隔を設けられるようになります。

1.3.7 「段落」ウィンドウ

これまでにも何度か登場しているように、**段落の書式**を「**段落**」ウィンドウで指定することも可能です。「段落」ウィンドウを表示させるときは、[ホーム]タブのリボンで「段落」の領域にある をクリックします。

「段落」ウィンドウには3つのタブが用意されています。[**インデントと行間隔**]**タブ**では、行揃え、インデント、行間、段落前後の間隔などを指定できます。これらの値を「○行」や「○字」で指定するときは、「1行」＝18ポイント、「1字」＝10.5ポイントに初期設定されていることに注意してください。「8.5mm」のように「mm」の単位を付けて数値を入力し、ミリ単位で値を指定することも可能です。

他のタブでは、段落がページをまたぐときの処理や禁則処理などを指定できます。

図1-10 ［改ページと改行］タブ

図1-11 ［体裁］タブ

1.4 ページ設定

続いては、用紙サイズや余白の指定など、文書全体に関わる設定について解説します。これらの設定はいつでも変更できますが、通常は文書の作成を開始するときに設定しておくのが基本です。

1.4.1 用紙サイズの指定

文書全体に関わる設定は、[**レイアウト**]**タブ**で指定します。まずは、**用紙サイズ**を指定する方法から解説していきます。用紙サイズの初期設定は「A4」が指定されています。これを他の用紙サイズに変更するときは、[レイアウト]タブにある「**サイズ**」をクリックし、一覧から用紙サイズを選択します。

また、「**印刷の向き**」をクリックすると、**用紙の向き（縦／横）**を指定できます。用紙を横方向にする場合は、ここで「横」を選択してください。

なお、一般的な卒業論文では「A4縦」の用紙サイズを使用するため、これらの設定を変更する必要は特にありません。A4以外の用紙サイズを使用する場合の操作手順として覚えておいてください。

1.4.2 余白の指定

ページの上下左右に設けられている**余白のサイズ**を変更するときは、[レイアウト]タブにある「**余白**」をクリックし、一覧から適当なサイズを選択します。

また、上下左右の余白を数値で指定する方法も用意されています。この場合は、次ページで解説する「**ページ設定**」**ウィンドウ**を使って設定を変更します。

1.4.3 「ページ設定」ウィンドウ

　文書全体に関わる書式は、「**ページ設定**」**ウィンドウ**でも指定できます。こちらの方が統合的に設定作業を進められるので、ぜひ使い方を覚えておいてください。「ページ設定」ウィンドウを開くときは、[レイアウト]タブの「ページ設定」の領域にある🔲をクリックします。

　「ページ設定」ウィンドウには、4つのタブが用意されています。まずは、[**用紙**]**タブ**で**用紙サイズ**を指定します。一覧から用紙サイズを選択するか、もしくは「幅」と「高さ」に数値を入力して用紙サイズを指定します。

余白のサイズと**用紙の向き**は、［**余白**］**タブ**で指定します。余白のサイズが定められている場合は、ここに数値を入力してください。

　また、**とじしろ**を指定することも可能です。とじしろに「0mm」より大きい数値を指定すると、その分だけ余白のサイズが大きくなります。たとえば、「とじしろの位置」に「左」を指定し、「左の余白」を20mm、「とじしろ」を15mmに指定すると、文書の左側には35mmの余白が設けられます。

　［**文字数と行数**］**タブ**は、本文の**文字数**と**行数**を指定する場合に利用します。1ページあたりの文字数と行数が定められている場合は、ここで「**文字数と行数を指定する**」を選択し、をクリックして文字数と行数を指定してください。

「1行の高さ」と「行送り」

「ページ設定」ウィンドウで「行数」を変更すると、それに合わせて**「行送り」**の値が変化する仕組みになっています。1.3.5項（P22〜27）で解説した**「1行の高さ」**（行間）は「行送り」と連動しているため、「行数」を変更すると、それに合わせて「1行の高さ」も変更されます。ちなみに、初期設定では「行送り」が18ポイントに設定されているため、「1行の高さ」の初期設定も18ポイントになります。

ただし、初期設定では、1行あたりの「文字数」を最大44字までしか指定できないことに注意してください。これは、**本文の文字サイズ**に10.5ポイントが設定されていることが原因です。45字以上の文字数を指定するには、左右の余白を小さくするか、もしくは以下の手順で「本文の文字サイズ」を変更しておく必要があります。

↓

1.4.4 2段組みの指定

　卒業論文で**段組み**を使用する機会はほとんどありませんが、学会に投稿する論文などでは、文書フォーマットが**2段組み**に指定されている場合が多くあります。よって、段組みの指定方法も覚えておく必要があります。

　2段組みの文書を作成するときは、[レイアウト]タブにある「**段組み**」をクリックして「**2段**」を選択します。すると、文書全体を2段組みの文書に変更できます。

文書全体が2段組みになる

「各段の文字数」や「段と段の間隔」を数値で指定することも可能です。この場合は、「**段組み**」→「**段組みの詳細設定**」を選択し、以下に示した画面で段組みの詳細を指定します。

各段の文字数　段と段の間隔

「各段の文字数」と「本文の文字サイズ」

　初期設定において、各段に指定できる文字数の最大値は20.25字となります。これは「本文の文字サイズ」に10.5ポイントが初期設定されていることが原因です。21字以上の文字数を指定するときは、あらかじめ「余白のサイズ」を小さくしておくか、もしくはP34～35に示した手順で「本文の文字サイズ」を小さくしておく必要があります。

　前述した手順で2段組みを指定した場合は、文書全体が2段組みに変更されます。本文だけを2段組みにし、タイトル（表題）や発表者名などを1段組みで構成する場合は、以下の手順で冒頭部分を1段組みに戻しておく必要があります、

① マウスをドラッグして**1段組みに戻す範囲**を選択します。

② [**レイアウト**]**タブ**にある「**段組み**」をクリックし、「**1段**」を選択します。

③ 「手順①で選択した範囲」だけが1段組みに戻ります。

1.5 文書ファイルの保存

Wordで作成した文書を保管するには、文書をファイルに保存しておく必要があります。続いては、文書をファイルに保存する方法、ならびにOneDriveについて解説します。

1.5.1 文書ファイルの保存方法

Wordで作成した文書をファイルに保存するときは、[ファイル]タブを利用します。まずは、Wordの文書ファイルをパソコンに保存するときの操作手順から解説していきます。

① 文書をファイルに保存するときは[ファイル]タブを選択します。

このタブを選択

②以下のような画面が表示されるので、「**名前を付けて保存**」をクリックします。

③続いて、ファイルの保存先を指定します。「**参照**」をクリックして保存画面を開きます。

④ **保存先フォルダー**と**ファイル名**を指定し、[**保存**]ボタンをクリックすると、ファイルの保存を実行できます。

1.5.2 文書ファイルの読み込み

　ファイルに保存した文書を開くときは、Wordファイルのアイコンを**ダブルクリック**します。すると自動的にWordが起動し、ウィンドウ内に文書が表示されます。

最近使ったファイル

　Wordを起動した直後の画面にある「最近使ったファイル」からファイルを選択して文書を開くことも可能です。

1.5.3 文書ファイルの上書き保存

　すでに保存されている文書に修正を加えたときは、**上書き保存**を実行してファイルを更新しておく必要があります。この操作を行うときは、[**ファイル**]**タブ**を選択し、「**上書き保存**」をクリックします。

　そのほか、キーボードの[**Ctrl**]＋[**S**]**キー**を押す、クイックアクセス ツールバーにある🖫をクリックする、といった操作で上書き保存を実行することも可能です。

図1-12　Wordのクイックアクセス ツールバー

1.5.4 OneDriveについて

　Wordで作成した文書を**OneDrive**に保存することも可能です。OneDriveはマイクロソフトが提供する無料のクラウド ストレージで、インターネット上にファイルを保存できるサービスとなります。自宅のパソコンだけでなく研究室にあるパソコンでも文書の閲覧や編集を行いたい場合は、OneDriveに文書ファイルを保存しておくとよいでしょう。

※ OneDriveを利用するには、Microsoftアカウントを取得し、サインインや初期設定を済ませておく必要があります。

図1-13　OneDriveのイメージ

文書をOneDriveに保存するときは、以下の手順でファイルの保存を実行します。

① [ファイル] タブを選択し、「名前を付けて保存」をクリックします。続いて、「OneDrive – 個人用」を選択し、「OneDrive – 個人用」をクリックします。

② 保存先に「OneDrive」が指定された状態で保存画面が開きます。**ファイル名**を入力して [**保存**] ボタンをクリックすると、OneDriveにファイルを保存できます。

OneDriveに保存したファイルを開くときは、フォルダーの画面（エクスプローラー）の左側で「OneDrive」を選択します。すると、OneDrive内に保存されているファイルやフォルダーが一覧表示されます。ここで文書ファイルのアイコンをダブルクリックすると、その文書をWordで開くことができます。

　Windows 10の「OneDrive」フォルダーは、インターネット上にあるOneDriveと自動的に同期される仕組みになっています。このため、通常のファイル（パソコンに保存したファイル）と同じような感覚でOneDrive内にあるファイルを扱えます。

なお、研究室にあるパソコンが自分専用のパソコンではなく、Microsoftアカウントでサインインできない場合は、**Webブラウザ**を使って「自分のOneDrive」からファイルをダウンロードすることも可能です。以下に、操作手順の例を示しておくので参考にしてください。

① Webブラウザを起動し、『OneDrive』のWebサイト（https://onedrive.live.com/）を開きます。続いて、「**サインイン**」をクリックし、Microsoftアカウントの**メールアドレス**と**パスワード**を入力します。

②「自分のOneDrive」に保存されているファイルやフォルダーが表示されます。Wordの文書ファイルを**右クリック**し、「**ダウンロード**」を選択します。

③「**ダウンロード**」フォルダーに文書ファイルがダウンロードされます。この文書ファイルを**ダブルクリック**して開きます。

※ Webブラウザーの設定を変更している場合は、「ダウンロード」フォルダー以外の場所にファイルがダウンロードされる場合もあります。

④ Wordが起動し、**保護ビュー**で文書が表示されます。この文書を編集可能な状態にするときは、右上にある[**編集を有効にする**]ボタンをクリックします。

上記の手順で文書を開いた場合、**上書き保存**により更新されるのは「ダウンロードした文書ファイル」だけです。**OneDriveの文書ファイルは更新されません**。文書ファイルをOneDriveに保存するには、P46の手順①に示した方法で「自分のOneDrive」を開き、変更後の文書ファイルを**アップロード**しておく必要があります。

1.6 その他、覚えておくべき基本機能

これまでに解説してきた内容のほかにも、Wordで文書を作成する際に覚えておくべき機能がいくつかあります。続いては、文書作成に欠かせない機能について紹介しておきます。

1.6.1 画面表示の拡大／縮小

文書に入力した文字が小さくて見にくい場合、もしくは表示が大きすぎて全体を見渡せない場合は、ウィンドウの右下にあるスライダーをドラッグして**表示倍率**を変更します。文書の表示倍率は10〜500%の間で自由に変更できます。

図1-14　表示倍率50%で表示した場合

図1-15　表示倍率200%で表示した場合

そのほか、[Ctrl]キーを押しながらマウスホイールを上下に回転させて文書を拡大／縮小する方法も用意されています。

1.6.2 文書の印刷

　Wordで作成した文書をプリンターで印刷するときは、あらかじめ**印刷プレビュー**で印刷イメージを確認しておくのが基本です。印刷プレビューは、[**ファイル**]**タブ**を選択して「**印刷**」をクリックすると表示できます。

印刷プレビューの左側には、印刷に関連する設定項目が並んでいます。ここで印刷の設定を行い、[**印刷**]**ボタン**をクリックすると印刷を開始できます。

1.6.3 編集記号の表示／非表示

　Wordは、改行（[Enter]キー）を入力した位置に↵の記号が表示される仕組みになっています。この記号は**段落記号**と呼ばれており、段落を区切る位置を示す目印の役割を担っています。

このほかにも、**全角スペース、半角スペース、タブ文字**などの**編集記号**を画面に表示させることが可能です。編集記号を表示するときは、[**ホーム**]**タブ**にある (**編集記号の表示/非表示**)をクリックします。

これらの記号は、「文章中に余計なスペースが挿入されていないか？」を確認する場合などに活用できます。なお、 (段落記号)以外の編集記号を非表示に戻すときは、もう一度 をクリックしてOFFにします。

第1章　Wordの基本
1.6　その他、覚えておくべき基本機能

表示する編集記号の初期設定

　画面に表示する編集記号の初期設定を変更することも可能です。この場合は、以下の手順でWordの設定を変更します。

①［ファイル］タブを選択し、「オプション」の項目を選択します。
②「Wordのオプション」が表示されるので、「表示」の項目を選択します。
③常に画面に表示する編集記号を指定します。
④［OK］ボタンをクリックします。

1.6.4 改ページ／セクション区切り

　各章の見出しを必ずページの先頭に配置したい場合は、改行（[Enter]キー）を入力して位置を調整するのではなく、**改ページ**を挿入するのが基本です。「改ページ」を文書に挿入すると、それ以降の文字が自動的に「次のページ」に送られて配置されるようになります。

① **改ページ**を挿入する位置にカーソルを移動します。

② [**レイアウト**]**タブ**を選択し、「**区切り**」→「**改ページ**」を選択します。

③ カーソルがあった位置に**改ページ**が挿入され、それ以降の文字が次ページに送られて配置されます。

「改ページ」が挿入されている位置を確認したいときは、[**ホーム**] **タブ**にある（**編集記号の表示／非表示**）をクリックしてONにします。すると、「改ページ」が挿入されている位置に以下の図のような編集記号が表示されます。

改ページの削除

　文書に挿入した「改ページ」を削除するときは、「………… 改ページ ………… 」の編集記号をドラッグして選択し、[Delete]キー（または[Del]キー）を押します。すると「改ページ」が削除され、以降の文字が直前の段落に続けて配置されるようになります。

編集記号を選択して[Delete]キーを押す

　また、文書の途中に**セクション区切り**を挿入することも可能です。「セクション区切り」を挿入すると、その位置で文書が分割され、それぞれの範囲（セクション）に異なる**ページ設定**を指定できるようになります。

　たとえば、「1段組み」と「2段組み」が混在する文書を作成する場合、それぞれの範囲に異なるページ設定（段組み）を指定しなければいけません。本書のP35～38に示した手順では「セクション区切り」の挿入を行っていませんが、この場合はWordが自動的に「セクション区切り」を挿入してくれるため、自分で「セクション区切り」を挿入しなくても適切な結果を得られます。試しに、段組みの指定が完了した後に（**編集記号の表示/非表示**）をクリックしてONにすると、「セクション区切り」が自動挿入されていることを確認できると思います。

クリックしてONにする

「セクション区切り」を示す編集記号

もちろん、自分で「セクション区切り」を挿入して、段組みなどを指定しても構いません。この場合は、「セクション区切り」を挿入する位置にカーソルを移動し、[レイアウト] タブにある「区切り」から**セクション区切りの種類**を選択します。

をクリックしてONにすると、指定した位置に「セクション区切り」が挿入されているのを確認できます。「セクション区切り」で文書を分割すると、セクションごとに異なるページ設定を指定できるようになります。まずは、設定を変更するセクション内にカーソルを移動し、**「ページ設定」ウィンドウ**を開きます。

「ページ設定」ウィンドウが表示されたら、設定対象に「**このセクション**」が選択されていることを確認してから各項目を指定します。

たとえば、2番目のセクションを「2段組み」に変更すると、以下の図のように「1段組み」と「2段組み」が混在した文書を作成できます。

「次のページから開始」のように改ページを行う「セクション区切り」を挿入した場合は、セクションごとに用紙サイズや用紙の向きを変更できるようになります。「A4縦」の文書中に「A4横」のページを配置する場合などに活用してください。

1.6.5 コピー／貼り付け

他のアプリケーションと同様に、**コピー**と**貼り付け**を使って編集作業を進めていくことも可能です。コピーの操作を行うときは、文字を選択した状態で[**Ctrl**]+[**C**]**キー**を押します。コピーした内容を文書に貼り付けるときは[**Ctrl**]+[**V**]**キー**を押します。

1.6.6 元に戻す／やり直し

文書の編集中に操作を間違えてしまった場合は、[**Ctrl**]+[**Z**]**キー**を押すと、直前の操作を取り消すことができます。この操作は**元に戻す**と呼ばれています。よく利用する機能なので、必ず使い方を覚えておいてください。

また、[Ctrl]+[Z]キーで取り消した操作を、もう一度やり直す機能も用意されています。この場合は[**Ctrl**]+[**Y**]**キー**を押します。この操作は**やり直し**と呼ばれています。

なお、「元に戻す」や「やり直し」の操作は、クイックアクセス ツールバーにある
や のアイコンのクリックでも実行できます。

1.6.7 操作アシストの活用

　Wordには、**操作アシスト**と呼ばれる機能が用意されています。この機能は、キーワードでコマンドを検索したり、ヘルプを参照したりする場合などに活用できます。たとえば、目次に関連する機能について調べたいときは、「実行したい操作を入力してください」と表示されている部分に「目次」と入力します。

　すると、キーワード（今回の例では「目次」）に関連するコマンドが一覧表示されます。ここに表示されているコマンドを選択して、各種操作を実行することも可能です。目的のコマンドが「どのタブに収録されているか？」を忘れてしまった場合などに活用するとよいでしょう。

第 2 章

論文作成の基本テクニック

- 2.1 卒業論文の書き方
- 2.2 用紙と本文の書式設定
- 2.3 スタイルの活用
- 2.4 アウトライン レベルの指定
- 2.5 見出し番号の自動入力
- 2.6 スタイルの確認
- 2.7 表紙と概要の作成
- 2.8 ページ番号と目次
- 2.9 謝辞と参考文献

第2章では、卒業論文を作成する際によく利用する機能について解説します。何十ページにも及ぶ長い文書を作成するときに必須となるテクニックなので、各機能の使い方をよく理解しておいてください。

2.1　卒業論文の書き方

　まずは、卒業論文を執筆するに際に覚えておくべき注意事項について解説します。大学または学部、学科ごとに「論文作成のルール」が定められているケースもあるので、そちらも合わせて確認しながら論文執筆の基礎を学んでください。

2.1.1　卒業論文の書き方

　卒業論文を執筆するときは、各自が研究した内容を自由な形式で記述するのではなく、大学（または学部、学科）で定められているルールに従って執筆しなければいけません。ここでは、一般的な卒業論文の構成について紹介します。

　卒業論文は次ページに示したような構成で作成するのが一般的です。ただし、この構成例は最も標準的なパターンであり、必ずしも同じ構成で卒業論文を作成しなければならない訳ではありません。あくまで一つの参考例として捉えてください。

　大学によっては、次ページの構成例に加えて「図表の一覧」や「略語・用語の解説」といった項目を設けるように指示されている場合もあります。卒業論文のサンプルやガイドラインなどが公開されている場合は、その指示に従って論文を構成するようにしてください。

図2-1　卒業論文の一般的な構成

表紙には、卒業研究の題目、氏名、所属、指導教官、提出日などを記載します。記載すべき内容やレイアウトが指定されているケースが多いので、各大学（または学部、学科）のルールに従って作成しなければいけません。

図2-2　表紙の例

概要には、研究内容を簡潔にまとめた紹介文を200〜800字程度で記述します。文字数に規定がある場合は、定められた範囲内で紹介文を記述しなければいけません。「概要」の代わりに**要約**や**要旨**といった見出しを使用する場合もあります。

図2-3　概要の例

続いて、**目次**を配置します。目次は、卒業論文の本文がひととおり完成した時点で作成するのが基本です。Wordには目次を自動作成する機能が用意されているので、この機能を使って目次を作成するとよいでしょう。具体的な手順については、本書の2.8節（P127〜141）で詳しく解説します。

図2-4　目次の例

これ以降が「**卒業論文の本文**」となります。本文は「**序論**」→「**本論**」→「**結論**」という順番で、それぞれに**章番号**を付けて構成していきます。P63に示した例では全体を3章構成にしていますが、「**本論**」をいくつかの章に分けて4章以上の構成にしても構いません。

第1章となる**序論**では、研究の目的、研究を行うに至った背景などを記述します。続いて**本論**で、研究方法や実験結果、調査結果などを詳しく解説していきます。最後に**結論**として、研究により解明された内容、自己の見解、今後の課題などを簡潔にまとめます。

各章の内部は「節」や「項」で区切って階層化し、○章→○節→○項という構成で本文を記述します。また、各項目の見出しの先頭には「2.4.3」や「2章4節3項」のように数字を付加して階層を分かりやすく示します。

図2-5　本文の例

謝辞には、指導教官や研究室の同僚、卒業研究の協力者に向けて感謝の意を表す文章を記述します。書き方は特に決められていないので、過去の卒業論文や例文などを参考にして、自分なりの言葉で謝辞を記載するとよいでしょう。

図2-6　謝辞の例

最後に、**参考文献**を一覧形式でまとめておきます。ここには、卒業論文を執筆する際に参考にした書籍、論文、Webサイトなどの情報を記載します。記載方法が厳密に定められているケースが多いため、各自が所属している大学（または学部、学科）のルールに従って記述しなければいけません。

図2-7　参考文献の例

2.1.2 卒業論文を執筆するときの注意点

　続いては、卒業論文を執筆するときの注意点を紹介しておきます。ただし、大学や学部ごとにローカルルールが存在するため、押しなべて「こう書くべき」というアドバイスはできません。あくまで一般論として参考にしてください。

■ 本文の文体

　卒業論文では、「〜です」や「〜ます」で文章を終える「です・ます」調ではなく、文末を「〜だ」や「〜である」で記す「だ・である」調で記述するのが一般的です。とはいえ、最近は「です・ます」調を認めている大学・学部も増えてきているようで、一概には言い切れません。各自が所属する大学・学部のルールに従って記述するようにしてください。

　特に文体が指定されていない場合でも、「です・ます」調と「だ・である」調を混在させた文章を記述してはいけません。どちらか一方に文体を統一するのが基本です。もちろん、友人に送るメールのような口語体の文章は避けなければいけません。

■ 句読点

　一般的な文章では、句読点に「、」と「。」の記号を使用します。しかし、公文書や論文では、句読点を「,」と「.」の記号で記述するケースが多くあります。句読点の書き方も大学ごとにルールが定められているので、それに従って記述するようにしてください。

　なお、句読点を「,」と「.」で記述する場合は、**IME**（Windowsの漢字変換機能）の設定を以下のように変更しておくと、普通にキー入力していくだけで「,」や「.」の記号を入力できるようになります。

■ 曖昧な表現

　卒業論文では、「〜かもしれない」や「〜なのであろうか」のような表現は避けなければいけません。可能な限り「〜である」と言い切る形で文章を記述するのが基本です。不確定な内容や自己の見解を示す場合は、「〜と考えられる」「〜と推測される」などのように記述します。大切なのは「事実」と「推測」を明確に分けて表現すること。事実と推測の区別がつかない文章を書いたり、語尾を曖昧にして誤魔化したりしてはいけません。

■ 出所・出典の記載

　論文を執筆する際は、自分以外の研究者が書いた書籍、論文、Webサイトなどを参考にしながら、独自の見解を示していくのが一般的です。自分の論文内で「他者の研究内容や見解」をそのまま引用しても問題はありませんが、この場合は必ず出所・出典を明記しなければいけません。

　これらのほかにも、大学や学部、学科ごとに独自の書き方（ルール）が定められているケースが多くあります。サンプルやガイドラインが公開されている場合は、卒業論文の執筆を始める前に必ず目を通しておいてください。不明な点がある場合は、同じ研究室の先輩（院生）や指導教官にアドバイスを求め、疑問点をクリアにしてから執筆を始めるとよいでしょう。疑問を抱えたまま執筆を始めてしまうと、後から大幅な修正を求められる可能性もあります。注意するようにしてください。

2.2　用紙と本文の書式設定

　ここからは、Wordで卒業論文を作成するときの具体的な操作手順を解説していきます。最初は、**用紙サイズ**、**余白**、**文字数と行数**の指定を行います。以降の解説を参考に、各大学のルールに従って**ページ設定**を行ってください。

2.2.1　用紙サイズと余白の指定

　Wordを起動して「**白紙の文書**」を開いたら、最初にページ設定を行います。[**レイアウト**]**タブ**を選択し、「ページ設定」の領域にある をクリックします。

すると「ページ設定」ウィンドウが表示されます。ここでは[**用紙**]**タブ**を選択し、**用紙サイズ**の設定を確認します。特に指示がない限り、卒業論文はA4の用紙サイズで作成します。

続いて[**余白**]**タブ**を選択し、**用紙の余白**を指定します。各大学のルールで余白のサイズが厳密に定められている場合は、その指示に従って上下左右の余白を指定します。特にルールが定められていない場合は、初期値をそのまま利用するか、もしくは先輩の論文などを参考に適当な余白を指定します。以下は、上下の余白を35mm、左右の余白を30mmに設定した場合の例です。

2.2.2 文字数と行数の指定

　用紙サイズと余白を指定できたら、本文の**文字数**と**行数**を指定します。「ページ設定」ウィンドウの[**文字数と行数**]**タブ**を選択してください。
　文字数と行数が厳密に定められている場合は、「**文字数と行数を指定する**」を選択し、その値を「**文字数**」と「**行数**」に入力します。特に定められていない場合は、初期値をそのまま利用するか、もしくは各自が適切と思う値を指定します。以下は、文字数を40字、行数を30行に指定した場合の例です。

　なお、大学のルールで**本文の文字サイズ**が定められている場合は、先にフォントの設定を行っておく必要があります。[**フォントの設定**]**ボタン**をクリックし、次ページに示した画面で「本文の文字サイズ」を指定してください。ちなみに、Wordの初期設定では「本文の文字サイズ」が10.5ポイントに指定されています。

図2-8　本文のフォント設定

　「本文の文字サイズ」を変更した場合は、その値に応じて「文字数」や「行数」の設定が自動的に変更される仕組みになっています。よって、もう一度「文字数」や「行数」の設定を指定しなおす必要があります。
　以上で、ページ設定は完了です。[OK]ボタンをクリックして「ページ設定」ウィンドウを閉じ、適当な名前で文書をファイルに保存しておいてください。

定められた文字数、行数を指定できない場合は…？

　大学のルールで定められている文字数や行数を指定できない場合は、「本文の文字サイズ」を小さくするか、もしくは「上下左右の余白」を小さく設定しなおします。すると、定められた文字数、行数を指定できるようになります。

「本文のフォント」の指定

　大学のルールにより「本文のフォント」が定められている場合もあります。この場合は、図2-8の画面でフォントの設定も済ませておく必要があります。「本文のフォント」は、日本語（全角文字）と英数字（半角文字）を別々に指定する仕組みになっています。

ここで「本文のフォント」を指定

　初期設定では、フォントの設定項目に「＋本文のフォント」という文字が表示されています。この場合は、日本語、英数字とも「游明朝」のフォントが指定されることになります。

2.3　スタイルの活用

　ページ設定が済んだら、章、節、項の見出しの書式を決めていきます。この際に利用するのが**スタイル**という機能です。あまり馴染みのない機能かもしれませんが、論文作成の要となる機能なので、その使い方をよく把握しておいてください。

2.3.1　スタイルとは…？

　章や節の見出しは、本文よりも文字サイズを大きくし、目につきやすい書式を指定するのが基本です。また、文書全体で見出しの書式を統一しておく必要もあります。

『第1章の見出しには20ポイントを指定したのに、第2章の見出しには18ポイントを指定している…』というように、書式が統一されていない文書を作成してはいけません。

　文書内で書式を統一するには、**スタイル**という機能を活用すると便利です。スタイルは、文字や段落の書式をまとめて管理できる機能です。たとえば、「章見出し」というスタイルに「游ゴシック Medium、18ポイント、太字、中央揃え」の書式を登録しておくと、以降は「章見出し」のスタイルを適用するだけで同じ書式を一括指定できるようになります。慣れるまでに多少の時間を要するかもしれませんが、論文作成には欠かせない機能なので必ず使い方を覚えておいてください。

2.3.2　スタイルの作成

　それでは、スタイルの使い方を具体的に解説していきます。スタイルを利用するときは、[ホーム]タブの右端の方にある「スタイル」の領域を操作します。この領域にある▼をクリックすると、スタイルの一覧を表示できます。

ここには「見出し1」や「表題」「引用文」などのスタイルが全部で16個用意されています。ただし、これらのスタイルを利用する機会はあまり多くありません。というのも、卒業論文で使用する書式と、これらのスタイルに登録されている書式が必ずしも一致するとは限らないからです。スタイルを利用するときは自分でスタイルを作成し、自作のスタイルを中心に利用していくのが基本です。

まずは、スタイルを作成するときの操作手順から解説します。白紙の状態ではスタイルを作成しにくいので、文書に数行ほど文字を入力します。入力する文字は卒業論文の草稿でも構いませんし、テスト用に適当な文字を入力しても構いません。続いて、見出しとなる段落に書式を指定します。ここでは「14ポイント、太字」の書式を指定しました。

この書式を基にスタイルを作成していきます。新しいスタイルを自分で作成するときは、以下の手順のように操作します。

① 書式を指定した段落内にカーソルを移動します。

② [ホーム] タブで「スタイル」の領域にある▼をクリックし、スタイルの一覧を表示させます。続いて「スタイルの作成」を選択します。

③ 作成するスタイルの名前を入力し、[OK] ボタンをクリックします。

④「スタイル」の領域にある▼をクリックすると、作成したスタイルが一覧に追加されているのを確認できます。

今回の例では「節見出し」という名前でスタイルを作成しました。このスタイルには、手順①でカーソルを移動した段落と同じ書式（14ポイント、太字）が登録されることになります。

スタイルを作成できない場合は…？

Wordには200個以上のスタイルが初めから用意されています。ただし、その多くは非表示に設定されているため、最初は16個しかスタイルが表示されません。新しいスタイルを作成するときに以下の警告画面が表示された場合は、同じ名前のスタイルがすでに存在しているため、スタイルを作成することができません。このような場合は、スタイル名を別の名前に変更すると、スタイルを作成できるようになります。

2.3.3 スタイルの適用

続いては、スタイルを適用するときの操作手順を解説します。段落にスタイルを適用するときは、以下のように操作します。

① スタイルを適用する段落内にカーソルを移動します。

②「スタイル」の領域にある▽をクリックし、スタイルの一覧から**適用する**スタイ**ル**を選択します。

③段落にスタイルが適用され、段落全体の書式が「スタイルに登録されている書式」に変更されます。

④ 同様の操作を繰り返して、他の見出し（節見出し）にも同じ書式を適用します。

今回の例では、「節見出し」のスタイルに「14ポイント、太字」の書式が登録されています。よって、スタイルを適用した段落も「14ポイント、太字」の書式に変更されます。

卒業論文のように長い文書を作成するときは、そのつど書式を指定するのではなく、スタイルを活用して書式を指定していくのが基本です。実際に卒用論文を作成するときに戸惑わないように、今のうちから慣れておいてください。

［ホーム］タブから直接スタイルを適用

　適用するスタイルが［ホーム］タブのリボンに表示されている場合は、それをクリックしてスタイルを適用することも可能です。この場合、スタイルの一覧を表示する必要はありません。なお、［ホーム］タブに表示されるスタイルの数は、Wordのウィンドウ幅に応じて自動的に変化する仕組みになっています。

2.3.4 スタイルの編集

　自作したスタイルに登録されている書式を変更することも可能です。たとえば、「節見出し」のスタイルに、フォント「游ゴシック Medium」、段落前の間隔「1行」の書式を追加するときは、以下のように操作します。

① スタイルの一覧を表示します。続いて、書式を変更するスタイルを**右クリック**し、[**変更**]を選択します。

② 以下の図のような画面が表示されるので、ここで**文字の書式**を変更します。今回の例では、フォントを「游ゴシック Medium」に変更しました。

③ 続いて、**段落の書式**を変更します。［**書式**］ボタンをクリックし、「**段落**」を選択します。

④「**段落**」ウィンドウが表示され、段落の書式を指定できるようになります。今回の例では、段落前の間隔を「1行」に変更しました。

⑤ 手順②の画面に戻るので、[OK]ボタンをクリックして書式の変更を確定します。

これで、スタイルに登録されている書式を変更することができました。スタイルの書式を変更すると、そのスタイルが適用されている段落の書式も自動的に変更されます。今回の例では、「節見出し」のスタイルが適用されている段落に、フォント「游ゴシック Medium」、段落前の間隔「1行」の書式が追加されることになります。

このようにスタイルを使って書式を指定しておくと、同じスタイルが適用されている段落の書式をまとめて変更することが可能となります。卒業論文の作成がある程度進行していても問題はありません。スタイルの書式を変更するだけで、該当する全ての段落（見出しの段落など）の書式をまとめて変更できます。

スタイルを利用していない場合は、それぞれの段落で書式指定の操作を繰り返す必要があるため、相当に面倒な作業が発生します。いつでも書式を手軽に変更できるように、スタイルを効果的に活用してください。

2.3.5 文字スタイル

これまでに解説してきたスタイルは、厳密には**リンクスタイル**と呼ばれるもので、**「文字の書式」**と**「段落の書式」の両方**を適用するスタイルとなります。一方、フォントや文字サイズ、太字/斜体のように**「文字の書式」だけ**を適用できるスタイルも用意されています。こちらは**文字スタイル**と呼ばれています。

文字スタイルは、本文内のキーワードを「太字」にして強調したり、参考文献の番号を「上付き」で配置したりする場合などに活用できます。P8〜16で解説した方法でも「太字」や「上付き」などの書式を指定できますが、文字スタイルを使った方がスムーズに編集作業を進められます。ぜひ使い方を覚えておいてください。

文字スタイルを作成する場合も、あらかじめ自分で書式を指定しておく必要があります。今回の例では「游ゴシック Medium、上付き」の書式を指定しました。

1.1 背景

ゴミ収集の細分化が進んだ現在では、可燃ゴミの収集に半透明のポリ袋が使用されるケースが多くなっている。これに伴い、収集所に廃棄されたゴミを鳥が荒らす被害が増加している。収集所の近辺にゴミが散乱している光景は、都市の景観を乱すだけでなく、ゴミ収集の効率を悪化させている。衛生的な側面から見てもデメリットは大きい[1]。

1.2 本研究の狙い

ゴミ袋の種類ならびにゴミ収集所の環境を改善することにより、鳥によるゴミ散乱の被害がどのように変化するかを確認する。また、その費用対効果について検証し、実社会で実

（文字の書式を指定）

この書式を基に文字スタイルを作成します。新しい文字スタイルを作成するときは、以下のように操作します。

① 書式を指定した文字を選択します。

② 「スタイル」の領域にある ▼ をクリックし、スタイルの一覧から「**スタイルの作成**」を選択します。

③ 作成するスタイルの名前を入力します。続いて、[**変更**]**ボタン**をクリックします。

④ スタイルの書式を指定する画面が表示されるので、「**種類**」に「**文字**」を選択してから[**OK**]**ボタン**をクリックします。

これで文字スタイルを作成することができました。なお、文字スタイルを適用するときは、あらかじめ対象となる文字を選択しておく必要があります。

文字スタイルを選択

文字スタイルが適用される

リンクスタイルを文字に適用

同様の手順で「リンクスタイル」を「文字スタイル」として利用することも可能です。**段落内の一部の文字**を選択した状態でスタイルを適用すると、「文字の書式」だけを適用することができます。この場合、「段落の書式」は適用されません。念のため、覚えておいてください。

2.3.6 スタイルを快適に利用するために

実際に卒業論文を執筆するときは、「章見出し」や「節見出し」などのスタイルを作成しておき、スタイルを利用して書式を指定していくのが基本です。たとえば、以下の例では「章見出し」「節見出し」「項見出し」「参考文献番号」「キーワード強調」といった5つのスタイルを卒業論文用に作成しています。

ただし、この一覧には使用する予定のないスタイル（最初から用意されているスタイル）も含まれているため、あまり使い勝手はよくありません。そこで、スタイルの一覧を見やすくする方法を紹介しておきます。

まずは、スタイルの一覧をウィンドウで表示する方法を紹介します。「ホーム」タブで「スタイル」の領域にある をクリックすると、スタイルの一覧を以下の図のようにウィンドウで表示することができます。

スタイルの一覧がウィンドウで表示される

このウィンドウの下部にある「**プレビューを表示する**」をチェックすると、各スタイルが「登録されている書式」で表示されるようになり、目的のスタイルを探しやすくなります。

登録されている書式で
スタイルが一覧表示される

ここをチェック

もちろん、このウィンドウ内に表示されているスタイルをクリックして、段落や文字にスタイルを適用することも可能です。［ホーム］タブより快適に作業を進められるので、いちど試してみてください。

使用する予定のないスタイルを非表示に設定することも可能です。この場合は、以下のように操作します。

①「スタイル」ウィンドウの下部にある **(スタイルの管理)**をクリックします。

②「スタイルの管理」が表示されるので、[**推奨**]**タブ**を選択し、「**推奨スタイルのみを表示**」にチェックを入れます。続いて、[**組み込みのスタイルを選択**]ボタンをクリックし、Wordに初めから用意されているスタイルを一括選択します。

③ 一括選択したスタイルのうち、「**標準**」**のスタイル**は「本文の書式」に戻すときに必要となるため、非表示にしません。よって、[**Ctrl**]**キーを押しながら**「**標準**」**のスタイルをクリック**し、一括選択から外しておきます。その後、[**表示しない**]**ボタンをクリック**し、一括選択しているスタイルを非表示に設定します。

④ [**OK**]**ボタンをクリック**すると、**自作したスタイル**と「**標準**」**のスタイル**だけが「スタイル」ウィンドウに表示されるようになります。

これでスタイルを探す手間がなくなり、スムーズに論文作成を進められるようになります。さらに、スタイルの一覧を自分の好きな順番に並べ替えることも可能です。以下に、その手順を紹介しておくので参考にしてください。

① 「スタイル」ウィンドウで ![icon] をクリックし、「スタイルの管理」を開きます。[**推奨**] **タブ**を選択し、「**推奨スタイルのみを表示**」にチェックを入れます。スタイルの並び順を指定するときは、この一覧の左端に表示されている数字（**優先度**）を変更します。並び順を変更するスタイルを選択し、[**値の割り当て**] **ボタン**をクリックします。

② 今回の例では「章見出し」のスタイルを2番目に表示します。よって、優先度に「2」を指定して [**OK**] **ボタン**をクリックします。

③「章見出し」のスタイルの優先度が「2」に変更され、スタイルの並び順が変更されます。

④ 同様の手順を繰り返して、スタイルを並べ替えたい順に**優先度**を指定します。優先度の数値は、必ずしも1から順番に指定しなければいけない訳ではありません。今後、新しいスタイルを作成した場合にも対応できるように、優先度に欠番を設けておくとよいでしょう。全て指定できたら[**OK**]**ボタン**をクリックします。

優先度40以降のスタイル

優先度が40以降のスタイルは、表を作成する場合などに利用するスタイルとなります。通常時は「スタイル」ウィンドウに表示されないので、これらのスタイルの設定は特に変更しなくても構いません。

⑤ 優先度の小さい順にスタイルが並べ替えられます。この場合は並び順から目的のスタイルを探し出せるので、「**プレビューを表示する**」のチェックを外してもおいてもよいでしょう。

スタイルの一覧が並べ替えられる　　　チェックを外す

2.4 アウトライン レベルの指定

続いては、目次を作成したり、ナビゲーション ウィンドウを利用したりするときに必要となる**アウトライン レベル**について解説します。卒業論文のように長い文書では、見出しの段落にアウトライン レベルを指定しておくのが基本です。

2.4.1 アウトライン レベルとは…？

見出しとなる段落には、本文より大きな文字サイズを指定したり、太字の書式を指定したりするのが一般的です。ただし、これらの書式は「文字の見た目」を変化させるものであり、「段落の役割」を示している訳ではありません。Wordの立場からすると、『たとえ文字サイズが大きくても、その段落が見出しであるかを勝手に判断できない…』となります。各段落の役割を明確に示すには、これから解説する**アウトライン レベル**を指定しておく必要があります。

アウトライン レベルには、「**本文**」と「**レベル1**」～「**レベル9**」の10種類の値が用意されており、その初期値には「本文」が指定されています。このため、特に意識することなく文書を作成していくと、全ての段落が「本文」として扱われます。

2.4.2 アウトライン レベルの指定

見出しの段落をWordに正しく認識させるには、アウトライン レベルに「**レベル1**」～「**レベル9**」のいずれかの値を指定しておく必要があります。1～9の数値は、見出しの階層を表しており、**小さい数値ほど上位の見出し**として認識される仕組みになっています。たとえば「章→節→項」という構成で文書を作成するときは、章見出しに「レベル1」、節見出しに「レベル2」、項見出しに「レベル3」のアウトライン レベルを指定するのが一般的です。

各段落のアウトライン レベルを変更するときは、「**段落**」**ウィンドウ**を利用します。［ホーム］タブで「段落」の領域にある をクリックし、次ページの図に示した設定項目を操作すると、アウトライン レベルの値を変更できます。

アウトライン レベルを指定しても、文書の見た目は何も変化しません。この書式は、**目次**を自動的に作成したり、**ナビゲーション ウィンドウ**を利用したりするときに役に立ちます。なお、目次の自動作成については本書のP133〜141、ナビゲーション ウィンドウについては本書のP208〜211で詳しく解説します。

2.4.3 スタイルにアウトライン レベルを指定

すでに見出し用の**スタイル**を作成してある場合は、それぞれの段落(見出し)にアウトライン レベルを指定するのではなく、スタイルの書式を変更してアウトライン レベルを一括指定するのが基本です。たとえば「章見出し」というスタイルに「レベル1」のアウトライン レベルを指定するときは、以下のように操作します。

①「章見出し」のスタイルを**右クリック**し、[**変更**]を選択します。

② スタイルの書式を指定する画面が表示されるので、[**書式**]ボタンをクリックして「**段落**」を選択します。

③「**段落**」ウィンドウが表示されます。この画面で「**アウトライン レベル**」に「レベル1」を指定し、[**OK**]**ボタン**をクリックします。

④ 手順②の画面に戻るので、アウトラインの書式が変更されていることを確認してから[**OK**]**ボタン**をクリックします。

以上でスタイルの書式変更は完了です。この操作を行うと、「章見出し」のスタイルが適用されている全ての段落に「レベル1」のアウトライン レベルを指定できます。同様の手順で、「節見出し」のスタイルには「レベル2」、「項見出し」のスタイルには「レベル3」のアウトライン レベルを指定します。
　このように見出しのスタイルにアウトライン レベルの書式設定を含めておくと、以降はスタイルを適用するだけでアウトライン レベルの指定も完了できるようになります。長い文書の作成には欠かせない機能となるので、絶対に忘れないようにしてください。

　なお、アウトライン レベルが正しく設定されているかを確認したいときは、以下のように操作して**ナビゲーション ウィンドウ**を開きます。このウィンドウに文書内の見出しが一覧表示されていれば、アウトライン レベルは正しく設定されています。

2.5 見出し番号の自動入力

章、節、項の見出しには「第2章」や「2.1.3」などの数字（**見出し番号**）を付加して、階層をわかりやすく示すのが基本です。Wordには、これらの見出し番号を自動入力してくれる機能が用意されています。続いては、見出し番号の自動入力について解説します。

2.5.1 見出し番号を自動入力する場合の設定手順

卒業論文を作成するときは、見出しの先頭に「第2章」や「2.1.3」などの**見出し番号**を付加するのが一般的です。これらの文字はキーボードから直接入力しても構いませんし、Wordに用意されている機能を使って自動入力しても構いません。

見出し番号を自動入力するときは、「**新しいアウトラインの定義**」を使って「スタイル」と「見出し番号」を対応付けます。たとえば、章見出しに「第X章」、節見出しに「X.X」、項見出しに「X.X.X」という見出し番号を自動入力する場合は、以下のように設定を行います。

① ［ホーム］タブにある（アウトライン）をクリックし、「**新しいアウトラインの定義**」を選択します。

② 以下のような画面が表示されるので、[**オプション**]**ボタン**をクリックして設定画面を拡張します。

③ 画面右側に拡張された領域で**各レベルの見出し番号**と**スタイル**を対応させていきます。レベルに「1」を選択し、**章見出しのスタイル**を選択します。

④ 続いて、見出し番号の書式（**番号書式**）を指定します。今回の例では見出し番号を「第X章」と表示するので、1の前後に「第」と「章」の文字を入力します。

1の表示について

「番号書式」にある1の表示は、Wordにより自動入力される数字（1、2、3、…）を示しています。この前後に好きな文字を入力すると、数字以外の文字を見出し番号に追加できます。

⑤ 続いて、節見出しの番号を設定します。レベルに「**2**」を選択し、対応させるスタイルに**節見出しのスタイル**を指定します。今回の例では節見出しの番号を「X.X」と表示するので、「**番号書式**」は変更せずに初期設定をそのまま使用します。

⑥ 同様の手順で、項見出しの番号を設定します。レベルに「**3**」を選択し、対応させるスタイルに**項見出しのスタイル**を指定します。今回の例では項見出しの番号を「X.X.X」と表示するので、「**番号書式**」は変更せずに初期設定をそのまま使用します。

⑦ 以上で、見出し番号の設定はとりあえず完了しました。念のため、画面上部で設定内容を確認してから[**OK**]**ボタン**をクリックします。

このように見出し番号の自動入力を設定すると、各見出しの先頭に以下の図のような見出し番号が表示されます。すでに見出し番号を自分で入力してある場合は、「自動入力された見出し番号」と「自分で入力した見出し番号」が重複して表示されます。この場合、「自分で入力した見出し番号」は不要になるので削除しておきます。

この機能の便利な点は、状況に応じて見出し番号を自動調整してくれることです。たとえば、「1.2　本研究の狙い」の段落に「項見出し」のスタイルを適用すると、見出し番号が「1.1.1」に自動調整されます。もちろん、以降の見出し番号にも自動調整が適用されます。

新たに見出しを入力する場合も、見出し番号を自分で入力する必要はありません。文字を入力してスタイルを適用するだけで、適切な見出し番号が自動入力されます。

このように、見出し番号の自動入力は、論文の構成を後から変更する場合などに役に立ちます。見出し番号を自分の手で入力しても構いませんが、作業の効率を考えると、自動入力を設定しておいた方が何かと便利です。

2.5.2 見出し番号の配置調整

見出し番号の自動入力を設定すると、見出しの段落が少し右に寄せて配置されます。また、「見出し番号」と「見出し文字」の間隔も適切とはいえません。

これらの不具合を解消するには、「**左インデントからの距離**」や「**番号に続く空白の扱い**」を変更しておく必要があります。以下にその設定手順を紹介しておくので、これを参考に配置の調整を行ってください。

① カーソルを見出しの段落に移動し、（**アウトライン**）から「**新しいアウトラインの定義**」を選択します。

② レベルに「2」を選択し、「**左インデントからの距離**」を「**0mm**」に変更します。これは「見出し番号の左側に設ける余白」を設定する項目となります。

③ 続いて、「**番号に続く空白の扱い**」に「**なし**」を指定します。このままでは「見出し番号」と「見出し文字」の間隔がなくなってしまうので、「**番号書式**」の末尾に**全角スペース**などを挿入して間隔を調整します。全て設定できたら［OK］ボタンをクリックします。

④ レベル2（節見出し）の見出しの配置が変更されます。

　レベル1とレベル3の見出し番号についても同様の手順で配置調整を行うと、見出しの段落を次ページの図のように配置できます。

2.6 スタイルの確認

　ここまでの作業で卒業論文の基本的な設定を行うことができました。念のため、各スタイルに指定した書式を確認しておきましょう。以降に、本書で指定した書式の例を紹介しておくので参考にしてください。もちろん、この書式設定をそのまま利用できない場合もあります。卒業論文のルールは大学、学部、学科ごとに異なるので、それに従って書式設定を行うようにしてください。

2.6.1 本文（標準）のスタイル

　本文の書式は、「**標準**」の**スタイル**に設定されています。このスタイルに設定されている書式を確認するときは、スタイルの一覧をウィンドウで表示し（P87～88参照）、「標準」のスタイルの上へマウスカーソルを移動させます。すると、「標準」のスタイルに設定されている書式がポップアップで表示されます。

図2-9　「標準」のスタイルに設定されている書式の確認

白紙の状態から文書を作成した場合、P71～73で指定した書式が「標準」のスタイルに登録されているはずです。文字数や行数、余白などの設定は、**「ページ設定」ウィンドウ**を開くと確認できます。

図2-10　「ページ設定」ウィンドウ

　参考までに、本書で指定した書式の例を以下に紹介しておきます。

■**本文の書式の例**
　《**文字の書式**》
　　　フォント：〈日本語〉+本文のフォント - 日本語（游明朝）　※初期値
　　　　　　　　　〈英数字〉+本文のフォント（游明朝）　※初期値
　　文字サイズ：10.5ポイント　※初期値
　《**ページ設定**》
　　　余　　白：上下35mm、左右30mm
　　文字数：40字（字送り：10.5ポイント）
　　行　　数：30行（行送り：21.4ポイント）

「標準」のスタイルは、文字や段落の書式を「本文の書式」に戻したい場合などに活用できます。たとえば、「節見出し」のスタイルを適用してから改行し、そのまま本文の入力を始めると、「節見出し」のスタイルが引き継がれた状態で文字が入力されてしまいます。このような場合は、「標準」のスタイルを適用すると、その段落の書式を「本文の書式」に戻すことができます。意外と頻繁に利用する操作なので、必ず覚えておいてください。

2.6.2 章見出しのスタイル

　章見出しのスタイルを作成するときは、文書に適当な文字を入力して書式を指定し、この文字（段落）を基にスタイルの作成を行います。参考までに、本書で指定した書式の例を以下に紹介しておきます。

　この例では章見出しを「中央揃え」で配置していますが、章見出しを「両端揃え」（左揃え）で配置する場合も多くあります。この場合は、行揃えの指定を行う必要はありません。

　なお、各章を必ずページの先頭から開始する場合は、「**段落**」ウィンドウで「**段落前で改ページする**」にチェックを入れておくと便利です。すると、そのつど**改ページ**を挿入しなくても、章見出しの前で自動的に改ページが行われるようになります。もちろん、この書式は章見出しのスタイルに追加しておく必要があります。

2.6.3 節見出しのスタイル

　節見出しのスタイルも適当な文字に書式を指定し、それを基にスタイルを作成します。参考までに、本書で指定した書式の例を以下に紹介しておきます。

　節見出しのスタイルには、「**次の段落と分離しない**」の書式を指定しておくと便利です。この書式は「**段落**」ウィンドウで指定します。

実際に卒業論文の執筆を始めると、以下の図のように「見出しの段落」だけがページの末尾に取り残されてしまう場合があります。このような状態を**泣き別れ**といいます。

図2-11　「見出し」と「本文」の泣き別れ

　こういった不具合を自動的に回避してくれるのが、「**次の段落と分離しない**」です。この項目にチェックを入れておくと、図2-11のような状態になったときに、見出し以降を自動的に次ページに送ってくれるようになります（図2-12）。

図2-12　不具合を自動解消したレイアウト

見出しの前に改行を挿入すれば解決できる問題ですが、その結果、後のページで新たな不具合が生じてしまう可能性もあります。泣き別れを見逃さないためにも、「次の段落と分離しない」を節見出しのスタイルに追加しておくとよいでしょう。

2.6.4 項見出しのスタイル

項見出しのスタイルも適当な文字に書式を指定し、それを基にスタイルを作成します。参考までに、本書で指定した書式の例を以下に紹介しておきます。

■「項見出し」の書式の例
　《文字の書式》
　　　フォント：游ゴシック Medium
　　　文字サイズ：10.5ポイント　※初期値
　　　文字飾り：太字
　《段落の書式》
　　　アウトライン レベル：レベル3
　　　段落前の間隔：0.5行
　　　次の段落と分離しない
　《見出し番号との対応》
　　　レベル：3
　　　番号書式：X.X.X

このスタイルにも「**次の段落と分離しない**」の書式を指定しておくのが基本です。なお、卒業論文の構成を○章→○節で終える場合は、項見出しのスタイルを作成しなくても構いません。

2.6.5 文字スタイルについて

　見出しのスタイルのほかに、強調して表示する文字、参考文献の番号を示す文字などのスタイルを作成しておくと便利です。これらは**文字スタイル**で作成するのが基本です（P83〜86参照）。

　各大学のルールに従って、卒業論文に必要となる文字スタイルを作成しておくとよいでしょう。参考までに、本書で作成した文字スタイルの例を以下に紹介しておきます。

■「キーワード強調」の書式の例
　《文字の書式》
　　　フォント：游ゴシック Light
　　　文字飾り：太字

■「参考文献番号」の書式の例
　《文字の書式》
　　　フォント：游ゴシック Medium
　　　文字飾り：上付き

2.7 表紙と概要の作成

　続いては、卒業論文の**表紙**と**概要**を作成する方法を解説します。特に難しい操作はありませんが、本文（第1章）の前に**セクション区切り**を挿入しておく必要があることを忘れないようにしてください。

2.7.1 表紙の作成

　卒業論文の**表紙**に記述すべき内容、ならびに表紙のレイアウトは大学ごとに異なります。このため、各大学のルールに従って表紙を作成しなければいけません。
　本書では図2-13に示した表紙を例に具体的な操作手順を解説していきます。この例と表紙のレイアウトが異なる場合も、ほぼ同様の手順で表紙を作成できると思うので、実際に表紙を作成するときの参考としてください。

図2-13　表紙の例

まずは表紙用のページを確保します。**「第1章の見出し」の先頭**にカーソルを移動して[Enter]キーを押します。

カーソルを移動する位置

上記の例では、見出し番号を自動入力するように設定しています（P99〜109参照）。このため「第1章」の後が本文の先頭になります。見出し番号を自分の手で入力している場合は、「第1章」の文字の前にカーソルを移動してから[Enter]キーを押すようにしてください。

章見出しのスタイルに「**段落前で改ページする**」が指定されている場合、「第1章」以降が自動的に次ページへ送られるため、文書の先頭に空白ページが挿入されます。このページを表紙として使用します。

複数ページの表示

前ページの図のように複数のページを横に並べて表示したい場合は、[表示]タブにある「**複数ページ**」をクリックします。続いて、文書の表示倍率（P49参照）を小さくしていくと、1画面に複数のページを並べて表示できるようになります。元の表示方法に戻すときは、[表示]タブにある「**1ページ**」をクリックします。

表示方法の切り替え

新しく挿入されたページに移動し、「**標準**」**のスタイル**を適用します。その後、**表紙に配置する文字**を各大学のルールに従って入力します。

「標準」のスタイルを適用

表紙の文字を入力

表紙の文字を入力できたら、各段落にフォントや文字サイズ、行揃えなどの書式を指定します。これらの書式は［ホーム］タブにあるコマンドを使って直接指定します。本書の例では以下の図のように書式を指定しました。

　各行の間隔は「**前段落との間隔**」で指定します。そのつど「段落」ウィンドウを開くのが面倒な場合は、［**レイアウト**］**タブ**で書式を指定するとよいでしょう。「前」または「後」の⬍をクリックするごとに、段落前後の間隔を0.5行ずつ増減させることができます。

氏名や学籍番号、指導教官などを以下の図のように配置するときは、**左インデント**の書式を利用します。この書式も[**レイアウト**]**タブ**を使って手軽に指定することが可能です。文字の間隔は**全角**スペースで調整します。

 文字の均等割り付け

　全角スペースで文字の間隔を調整できない場合は、以下のように操作すると文字数が異なる文字を揃えて配置できます。

　①字間を調整する文字を選択します。
　②[ホーム]タブにある ▤ (均等割り付け)をクリックします。
　③「新しい文字列の幅」を指定し、[OK]ボタンをクリックします。

最後に、ページ全体を見渡させるように表示倍率を縮小し、全体のバランスを整えると卒業論文の表紙が完成します。

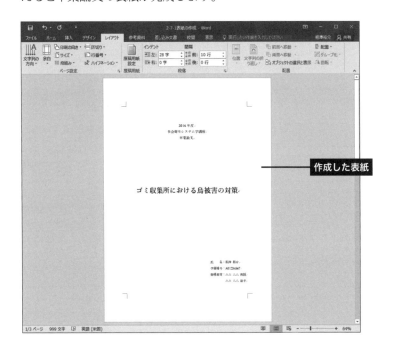
作成した表紙

2.7.2 概要の作成

次は、卒業論文の**概要**を作成していきます。表紙の末尾にカーソルを移動し、[Enter]キーを押します。

ここにカーソルを移動して[Enter]キーを押す

続いて、[レイアウト]タブにある「**区切り**」→「**改ページ**」を選択します。

カーソルがあった位置に改ページが挿入されるため、表紙の次のページに空白ページが挿入されます。このページを概要のページとして利用します。

新しく挿入されたページには「表紙の最後の段落」の書式が引き継がれています。このままでは概要を入力しにくいので、「**標準**」**のスタイル**を適用して「本文の書式」に戻しておきます。

あとは卒業論文の内容に合わせて概要の文章を入力していくだけです。概要の文字数が定められている場合は、それに従って概要の文章を記述しなければいけません。まだ概要の文章が確定していない場合は、とりあえずダミーの文字を入力しておいても構わないでしょう。この場合は、卒業論文の本文が完成した後に概要の文章を入力しなおすことになります。

最後に「概要」の文字に適当な書式を指定すると、概要のページが完成します。「概要」の文字も見出しの一種ですが、文書内に何回も登場する見出しではないため、あらためてスタイルを作成する必要はありません。［ホーム］タブにあるコマンドを使って書式を直接指定します。

2.7.3 セクション区切りの挿入

　卒業論文では、「表紙」や「概要」のページに**ページ番号**を付けないのが一般的です。よって、文書の1ページ目は、「本文」の最初のページ（第1章のページ）となります。このように文書の途中からページ番号を開始するときは、文書を**セクション区切り**で分割しておく必要があります。

　「表紙」と「概要」のページをカウントしないで、「本文」のページからページ番号を開始する場合は、「概要」と「本文」の間に**セクション区切り**を挿入しなければいけません。この作業を忘れると、「表紙」や「概要」のページにもページ番号が付加されてしまうことに注意してください。

　「概要」と「本文」の間にセクション区切り（次のページから開始）を挿入するときは、以下のように操作します。

① **「第1章の見出しの先頭」**にカーソルを移動します。

② [**レイアウト**] タブにある「**区切り**」→「**次のページから開始**」を選択します。

③ [**ホーム**] タブにある (**編集記号の表示/非表示**) をクリックしてONにすると、「概要」の末尾に**セクション区切り**が挿入されているのを確認できます。

2.8 ページ番号と目次

続いては、各ページの下部に**ページ番号**を配置する方法、ならびに**目次**を作成する方法について解説します。

2.8.1 文書構成の作成

まだ本文を十分に執筆できていない段階では、**目次**を自動作成しても数行しか見出しが表示されないため、目次の全体的なイメージを把握しにくいと思います。また、**ページ番号**を配置したときに数値が増えていく様子も確認できません。

そこで、ある程度の作業が済んだ時点で、論文全体（序論〜結論）の見出しを入力しておくことをお勧めします。こうしておくと全体の構成を把握しやすくなり、執筆作業を進めやすくなります。

図2-13　見出しとダミーの本文を入力した文書

もちろん、入力した見出しには適切な**スタイル**を適用しておく必要があります。この作業を行わないと**アウトライン レベル**や**見出し番号**が設定されないため、正しく目次を作成することができません。さらに、図2-13のようにダミー文字で本文を入力しておくと、論文全体の仕上がり具合を確認しやすくなります。

2.8.2 ページ番号の配置

それでは、**ページ番号**を配置する方法を解説していきましょう。卒業論文では、ページ番号を**フッター**に配置するのが一般的です。以下に具体的な手順を解説しておくので、これを参考にページ番号を配置してください。

① 「本文」の最初のページ（第1章の見出しがあるページ）を画面に表示し、そのページの下部にある**フッター領域**をダブルクリックします。

② ヘッダー/フッター ツールの [デザイン] タブが表示されるので、「**前と同じヘッダー/フッター**」をクリックしてOFFにします。

③ 続いて、「**ページ番号**」をクリックし、「**ページの下部**」→「**番号のみ2**」を選択します。

④ フッター領域の中央に「3」というページ番号が表示されます。現時点では「表紙」と「概要」もページ番号にカウントされているため、「本文」の最初のページは3ページ目になります。

⑤「本文」が1ページ目から開始されるように設定を変更します。「**ページ番号**」をクリックし、「**ページ番号の書式設定**」を選択します。

⑥ 以下のような設定画面が表示されるので、「**開始番号**」に「**1**」を指定して［OK］ボタンをクリックします。

第2章 論文作成の基本テクニック
2.8 ページ番号と目次

⑦「本文」の最初のページの**ページ番号**が「1」に変更されます。これを確認してから「**ヘッダーとフッターを閉じる**」をクリックします。

⑧ いつもの編集画面に戻るので、画面をスクロールさせて以降のページ番号を確認します。正しく設定されていれば、「本文」の最初のページから順番に「1、2、3、…」とページ番号が付加されているのを確認できると思います。

前述した手順でフッターの編集を行うと、「表紙」と「概要」にはページ番号が配置されず、「本文」だけにページ番号が配置されるようになります。

図2-14　表紙のページ　　　　　　　図2-15　概要のページ

図2-16　本文の1ページ目　　　　　図2-17　本文の2ページ目

「表紙」や「概要」にもページ番号が配置されてしまう場合は、「概要」の後に**セクション区切り**が挿入されているかを確認します（P125 〜 126参照）。また、P128の手順②の操作を忘れてしまった場合も、文書全体にページ番号が配置されてしまいます。ページ番号を正しく配置できなかった場合は、これらの点をよく確認してから、もう一度作業をやり直してみてください。

フッターの位置調整

ページ番号を表示する位置（高さ）を変更したいときは、フッター領域をダブルクリックしてヘッダー／フッター ツールの［デザイン］タブを表示し、 （**下からのフッター位置**）の数値を変更します。すると、ページ番号の位置を上下に移動させることができます。

ページ番号を「左揃え」や「右揃え」で配置することも可能です。この場合は、ページ番号の文字をドラッグして選択し、［ホーム］タブで行揃えを指定します。そのほか、ページ番号の前後にハイフンなどの文字を入力し、「- 1 -」や「- 2 -」のような形式でページ番号を表示することも可能です。

2.8.3 目次の作成

続いては、**目次**の作成方法を解説します。目次は本文の執筆が完了した後に作成するのが基本ですが、先に目次を作成しておいても特に問題は生じません。文書全体の構成を早く確定させたい場合は、現段階で目次を作成しておくとよいでしょう。

次ページに、目次を作成するときの操作手順を示しておくので、これを参考に目次を作成してください。

①「概要」の最後（**セクション区切りの前**）にカーソルを移動します。

②続いて、[**レイアウト**]タブにある「**区切り**」→「**改ページ**」を選択します。

③「概要」と「本文」の間に白紙のページが挿入されます。これを目次用のページとして使用します。挿入されたページの先頭にカーソルがあることを確認し、「**標準**」**のスタイル**を適用します。

④[**参考資料**]タブにある「**目次**」→「**自動作成の目次2**」を選択します。

⑤ 文書内の見出しが自動抽出され、以下のような目次が作成されます。

Wordの目次作成機能は、「レベル1」「レベル2」「レベル3」の**アウトライン レベル**が指定されている段落を自動抽出する仕組みになっています。アウトライン レベルが適切に設定されていない場合は、目次を自動作成できないことに注意してください。

もしも目次が正しく作成されなかった場合は、本書の2.4節（P94〜98）を参考に、もう一度アウトライン レベルの指定をやり直してみてください。アウトライン レベルの指定は、各見出しのスタイルに登録しておくのが基本です。

2.8.4 目次の書式設定

自動作成された目次は、「目次」の文字が青色で表示されています。通常、卒業論文は黒色だけで作成するのが一般的であるため、この文字色を黒色に修正しておく必要があります。そのほか、目次に強弱を付けたい場合などは、**目次のスタイル**で書式を変更する必要があります。続いては、目次の書式設定について解説します。

目次を自動作成すると、「**スタイル**」ウィンドウに「**目次1**」「**目次2**」「**目次3**」「**目次の見出し**」といったスタイルが追加されます。

目次用のスタイル

これらのスタイルは、それぞれ以下の段落に対応しています。

目次1 ……………………… 章見出し（レベル1）の目次
目次2 ……………………… 節見出し（レベル2）の目次
目次3 ……………………… 項見出し（レベル3）の目次
目次の見出し …………… 「目次」の文字

　これらのスタイルに登録されている書式を変更することで、目次全体の書式を変更していきます。スタイルの書式を変更する手順は、自作したスタイルの書式を変更する場合と同じです。たとえば、「**目次の見出し**」**のスタイル**の文字色を黒色に変更し、太字を指定するときは、次ページのように操作します。

①「目次の見出し」のスタイルを**右クリック**し、[**変更**]を選択します。

②「**スタイルの変更**」**ウィンドウ**が表示されるので、文字色「黒」と「太字」の書式を指定して[**OK**]**ボタン**をクリックします。

③「目次」の文字が黒色に変更されます。

　同様の手順で、「目次1」「目次2」「目次3」の書式を変更することも可能です。段落の書式を指定するときは、[**書式**]**ボタン**から「**段落**」を選択します。本書の例では「目次1」（章見出し）のスタイルに「游ゴシック Medium」と「太字」の書式を指定しました。

　このように、目次の書式は自由にカスタマイズできます。見やすい目次に仕上がるように、各自で工夫してください。もちろん、大学のルールで目次の書式が定められている場合は、そのルールに従って目次の書式を指定しなければいけません。

2.8.5 目次の更新

　目次を作成した後に、本文の修正や見出しの変更を行った場合は、**目次の更新**を行っておく必要があります。この作業を忘れると、目次を作成した時点の「見出し」や「ページ番号」がそのまま維持されるため、間違った目次になってしまいます。加筆や修正により「見出し」や「ページ番号」が変更されても、**目次は自動更新されない**ことに注意してください。
　目次を更新するときは、以下の手順で操作します。

① [**参考資料**]**タブ**を選択し、「**目次の更新**」をクリックします。

② 以下のような画面が表示されるので、「**目次をすべて更新する**」を選択して[OK]**ボタン**をクリックします。

ページ番号だけを更新

先ほどの画面で「ページ番号だけを更新する」を選択した場合は、各見出しの「ページ番号」だけが更新されます。この場合、見出しの文字を変更していても、目次の「見出し」は更新されないことに注意してください。

③ 目次の更新が行われ、現在の文書状況に則した「見出し」と「ページ番号」が表示されます。

ページ番号が更新される

この例では、2章以降にダミー文字の本文を加筆したため、2.1.2項より後のページ番号が更新されています。先に目次を作成している場合は、本文の加筆・修正を行った際に**目次の更新**を実行する必要があることを忘れないようにしてください。

2.9 謝辞と参考文献

続いては、**謝辞**と**参考文献**の作成について解説します。いずれも難しい作業ではありませんが、謝辞と参考文献を目次に掲載する場合は、アウトライン レベルを指定しておく必要があることを忘れないようにしてください。

2.9.1 謝辞の作成

卒業論文では、本文の後に**謝辞**を記しておくのが基本です。指導教官や研究室の同僚、卒業研究の協力者に向けて感謝の意を示しておきましょう。書き方の決まりは特にないので、先輩の卒業論文などを参考にしながら各自の言葉で謝辞を執筆します。以下に、謝辞を作成するときの操作手順の例を紹介しておくので参考にしてください。

① 卒業論文の「本文」の最後にカーソルを移動します。

② 続いて、[レイアウト]タブにある「区切り」→「改ページ」を選択します。

③ 文書の最後に白紙のページが挿入されます。ここに謝辞の文章を入力します。

④「謝辞」の見出しに適当な書式を指定します。この見出しは文書内に何回も登場するものではないため、あらためてスタイルを作成する必要はありません。［ホーム］タブにあるコマンドを使って書式を直接指定します。

⑤ 謝辞を目次に掲載する場合は、「謝辞」（見出し）の段落を選択した状態で「**段落**」ウィンドウを開き、**アウトライン レベル**を指定しておきます。

2.9.2 参考文献の作成

　最後に、**参考文献**の一覧を作成します。卒業論文を作成する際に参考にした文献、卒業論文内で引用した文献などは、論文の末尾に一覧形式でまとめておく必要があります。

　一覧の先頭には、本文の該当箇所と対応するように**文献番号**を1から順番に付けておきます。続いて、文献の著者名、書名（論文題目）、出版社名（掲載雑誌名）、出版年、引用ページなどの情報を記載します。これらの情報を記載する順序や記号（カンマ、コロンなど）の記述方法などは厳密に定められている場合が多いため、各自が所属している大学（または学部、学科）のルールに従って記述しなければいけません。

　以下に、参考文献を作成するときの操作手順の例を紹介しておくので参考にしてください。

①「謝辞」の最後にカーソルを移動します。

② 続いて、[レイアウト]タブにある「区切り」→「改ページ」を選択します。

③ 文書の末尾に白紙のページが挿入されるので、ここに参考文献の一覧を入力します。各自が所属している大学（または学部、学科）のルールに従って、参考文献の情報を正しく記載してください。

④「参考文献」の見出しに適当な書式を指定します。この見出しは文書内に何回も登場するものではないため、あらためてスタイルを作成する必要はありません。［ホーム］タブにあるコマンドを使って書式を直接指定します。

⑤ 参考文献を目次に掲載する場合は、「参考文献」（見出し）の段落を選択した状態で「**段落**」ウィンドウを開き、**アウトライン レベル**を指定します。

⑥ 文献の情報が2行以上になるときに、文字の先頭を揃えて配置したい場合もあると思います。このような場合は、文献情報の段落を全て選択し、[ホーム]タブの「段落」の領域にある をクリックします。

⑦「**最初の行**」に「**ぶら下げ**」を選択し、「**幅**」に適当な数値を指定してから[OK]ボタンをクリックします。

⑧ 各段落の2行目以降が「**幅**」に指定した位置から開始されるようになります。文字の先頭がきれいに揃わなかった場合は、手順⑥〜⑦の操作を繰り返して「**幅**」の数値を調整してください。

段落番号の書式が自動指定された場合

（1）や（2）などの文字を入力したときに、段落番号の書式が自動設定される場合もあります。この場合も、手順⑥〜⑦の操作で「カッコ」と「先頭の文字」の間隔を調整することができます。

文献リストの作成機能

Wordには参考文献の情報を管理できる機能も用意されています。ただし、定められたルールに従って一覧を記載するにはそれなりの手間を要するため、あまり使い勝手はよくありません。参考文献の数がそれほど多くない場合は、先ほどの例のように通常の文字入力で参考文献の一覧を作成するとよいでしょう。

2.9.3 目次の更新

謝辞や**参考文献**を目次に掲載する場合は、**目次の更新**を忘れずに実行しておく必要があります。この手順はP140～141に示したとおりです。本書の例では目次の更新を実行した後に、以下の図のように改行を挿入しました。

目次を更新した後、改行を挿入

　以上で、卒業論文を構成する要素をひととおり作成できたことになります。あとは、各自の研究内容について「本文」を執筆していくと卒業論文が完成します。

第3章

図表と数式

3.1 画像の挿入と図表番号

3.2 表の作成と編集

3.3 グラフの作成と編集

3.4 数式の入力

第3章では、画像、表、グラフを論文に配置する方法を解説します。また、理系の論文で必須となる数式の入力方法についても紹介しておきます。

3.1 画像の挿入と図表番号

まずは、**画像**を卒業論文に配置するときの操作手順、ならびに**図表番号**の使用方法について解説します。

3.1.1 画像の挿入とサイズ調整

デジタルカメラで撮影した写真のように、**画像ファイル**として保存されているデータを論文に掲載したい場合もあると思います。この場合は、以下のように操作して文書に画像を挿入します。

① 画像を挿入する位置にカーソルを移動し、［**挿入**］**タブ**にある「**画像**」をクリックします。

② 画像ファイルを選択し、[挿入]ボタンをクリックします。

③ 文書に画像が挿入されるので、画像の右下にあるハンドルをドラッグして画像のサイズを調整します。

④ 挿入された画像のサイズが調整されます。

上下左右のハンドル

　画像の上下左右にあるハンドルをドラッグして画像のサイズを変更することも可能です。ただし、この場合は画像の縦横比が変更されてしまうことに注意してください。画像のサイズを調整するときは、画像の四隅にあるハンドルをドラッグするのが基本です。

画像のサイズを数値で指定

　画像のサイズを数値で指定する方法も用意されています。この場合は、図ツールの [書式] タブで「高さ」または「幅」の数値を指定します。一方の数値を変更すると、画像の縦横比を保つように、もう一方の数値も自動的に変更されます。

いずれかの数値を指定

カラー画像のグレースケール化

　卒業論文でカラー画像の使用が認められていない場合は、画像をグレースケールに変換しておく必要があります。Wordに用意されている機能を使って画像をグレースケールに変換するときは、以下のように操作します。

　① 画像をクリックして選択します。
　② 図ツールの [書式] タブを選択し、「色」をクリックします。
　③ 一覧から「グレースケール」を選択します。

3.1.2 画像の配置

　卒業論文では、画像を用紙の左右中央に配置するのが一般的です。文書に挿入された画像を左右中央に配置するときは、[**ホーム**]**タブ**にある≡（**中央揃え**）を利用します。文書に挿入された画像は文字と同じように扱えるため、**行揃え**の書式で配置を指定することが可能です。

レイアウト オプション

　文書に挿入した画像は「行内」のレイアウトで配置されるように初期設定されています。この場合、画像は「巨大な1つの文字」として扱われます。画像を本文から切り離して配置したいときは、■（**レイアウト オプション**）をクリックし、「行内」以外のレイアウトを選択しなければいけません。卒業論文では「行内」以外のレイアウトを指定する機会は滅多にありませんが、念のため覚えておいてください。

3.1.3　図表番号の挿入

　論文に画像を挿入したときは、そのすぐ下に**図表番号**と**図の説明**を記しておくのが基本です。Wordに用意されている機能を使って図表番号を挿入するときは、以下のように操作します。

① 画像を**右クリック**し、[**図表番号の挿入**]を選択します。

② 図表番号の設定画面が表示されるので、「**ラベル**」に「**図**」を選択します。

ラベルの指定

　ラベルの一覧に「図」の文字が表示されない場合は、[ラベル名]ボタンをクリックして「図」の文字を自分で指定します。

③「図1」（図表番号）に続けて**図の説明**を入力します。なお、図表番号の後に間隔を設けたい場合は、全角スペースなどを入力してから図の説明を入力します。

④［OK］ボタンをクリックすると、画像のすぐ下の行に**図表番号**と**図の説明**が挿入されます。

もちろん、2枚目以降の画像にも同様の手順で図表番号を挿入できます。図表番号は、文書の先頭から順番に、図1、図2、図3、…という番号が自動的に付けられていく仕組みになっています。

章番号を含む図表番号

図1.1や図1-1のように、章番号を含めた形で図表番号を挿入することも可能です。この場合は図表番号の設定画面で［番号付け］ボタンをクリックし、「章番号を含める」をチェックします。ただし、「章タイトルのスタイル」に自作のスタイルを指定できないため、Wordに初めから用意されている「見出し1」を章見出し用のスタイルとして利用しなければいけません。「章見出し」のスタイルを自作するのではなく、「見出し1」の書式を変更して利用するようにしてください。

3.1.4 図表番号の書式設定

文書に図表番号を挿入すると、「**スタイル**」ウィンドウに「**図表番号**」というスタイルが追加されます。図表番号の書式は、このスタイルで管理します。

図表番号の書式を変更するときは、このスタイルを**右クリック**して「**変更**」を選択し、「**スタイルの変更**」ウィンドウで書式を指定します。

本書では、文字サイズを10ポイントに変更し、行揃えに「中央揃え」を指定しました。画像を「中央揃え」で配置している場合は、その書式が図表番号にも引き継がれますが、念のため「図表番号」のスタイルにも「中央揃え」を指定しておくとよいでしょう。

3.1.5 相互参照の挿入

本文に図1などの文字を入力するときは、**相互参照**を利用すると便利です。この場合、何らかの事情により図表番号が変更されても、それに合わせて本文内の番号（相互参照）を更新できるようになります。本文に相互参照を挿入するときは、次ページのように操作します。

① **相互参照**を挿入する位置にカーソルを移動し、[**参考資料**]タブにある「**相互参照**」をクリックします。

② 相互参照の設定画面が表示されます。最初に「**参照する項目**」に「**図**」を選択します。

③ 図表番号の一覧が表示されるので、この中から参照する**図表番号を選択**します。続いて「**相互参照の文字列**」を指定します。「図1」などの文字だけを本文に表示させる場合は、ここで「**番号とラベルのみ**」を選択してから［**挿入**］ボタンをクリックします。

④ カーソルがあった位置に**相互参照**が挿入されます。

3.1.6 図表番号の更新

　画像を掲載する順番を入れ替えたり、文書の途中にある画像を削除したりしても、**図表番号は自動更新されません**。たとえば、以下の図のように操作して図1を削除しても、図2以降の図表番号はそのまま維持されます。

　このような場合は、次ページに示した手順で**フィールド更新**を実行し、図表番号を1から順番に振りなおす必要があります。

① [Ctrl]+[A]キーを押して文書全体の文字を選択します。続いて、**右クリックメ
ニュー**から[**フィールド更新**]を選択します。

② **図表番号**ならびに**相互参照**の数字が更新され、番号を1から順番に振りなおすこ
とができます。

目次の更新

すでに目次を作成してある場合は、目次の更新も同時に行われます。P140の手順
②の画面が表示された場合は、目次の更新内容を指定して[OK]ボタンをクリックす
ると、図表番号と相互参照の数字が更新されます。

3.2 表の作成と編集

続いては、**表**を作成する方法を解説します。Wordには表の作成ツールが用意されているため、簡単に表を作成することができます。

3.2.1 表の作成

研究内容を文章だけで説明するのではなく、必要な項目を一覧形式にまとめた**表**を作成した方が物事を端的に説明できる場合もあります。状況に応じて積極的に表を活用していくとよいでしょう。文書に表を作成するときは、以下のように操作します。

① 表を作成する位置にカーソルを移動します。続いて、[**挿入**] タブにある「**表**」をクリックし、作成する**表の行数と列数を指定**します。

② 指定した行数／列数の表が文書に挿入されます。

表が挿入される

③ 各セル（マス目）をクリックして表内に文字を入力していきます。

クリックして文字を入力

④ 必要なだけ文字を入力すると、表の基本形が完成します。

行／列の挿入と削除

　表を作成した後に行／列の不足に気付いた場合は、表ツールの［レイアウト］タブにあるコマンドを使って行／列の挿入を行います。これとは逆に、作成した表から行／列を削除することも可能です。この場合は「削除」をクリックし、「行の削除」または「列の削除」を選択します。いずれの操作も、現在カーソルがある位置を基準に行／列の挿入、削除が行われます。

3.2.2 表内の文字の書式

表内に文字を入力できたら、それぞれの文字に書式を指定します。この操作手順は、通常の文字に書式を指定する場合と同じです。表内の文字を選択し、[ホーム]タブにあるコマンドを使って書式を指定します。

また、セルに対して書式を指定することも可能となっています。この場合は、マウスをドラッグしてセルを選択してから書式の指定を行います。

セル内に入力した文字の配置は、**表ツール**の[**レイアウト**]**タブ**で指定します。表内の文字や数値を「中央揃え」や「右揃え」で配置する場合などは、以下のコマンドをクリックして配置方法を指定します。

3.2.3 罫線の書式指定

続いて、表の**罫線**の書式を指定します。大学によっては、表の罫線の書式が細かく定められている場合もあります。各大学のルールに従って罫線の書式を指定するようにしてください。

罫線の書式を変更するときは、最初に**表ツール**の[**デザイン**]**タブ**で罫線の**種類**、**太さ**、**色**を指定します。すると、「**罫線の書式設定**」が自動的にONになります。

マウスポインタが ✎ に変化していることを確認してから、表の罫線をなぞるようにドラッグすると、その罫線を先ほど指定した書式に変更できます。

書式が変更される

罫線の書式変更を終えるときは、「**罫線の書式設定**」をクリックして OFF にするのを忘れないようにしてください。マウスポインタが のときは「罫線の描画モード」になっているため、通常の編集作業を行えません。マウスポインタが または に戻っていることを必ず確認してください。

クリックして OFF にする

卒業論文では飾りの少ないシンプルな表を作成するのが一般的であるため、表から罫線を削除するケースの方が多いかもしれません。この場合は、罫線の種類に「**罫線なし**」を選択し、削除する罫線をなぞるようにマウスでドラッグします。

3.2.4 表の配置

文字や罫線の書式を指定できたら**表のサイズと位置**を変更します。表全体のサイズを拡大/縮小するときは、表の右下に表示される**ハンドル**をドラッグします。

ここをドラッグ

表全体のサイズが変更される

各列の幅を変更するときは、セルを区切る罫線を左右にドラッグします。罫線を削除している場合は、点線で表示された縦線を左右にドラッグします。

高さの変更
　同様の手順で「表全体の高さ」や「行の高さ」を変更することも可能です。ただし、高さを初期状態より小さくすることはできません。高さを小さくするときは、「段落」ウィンドウを使って行間の設定を小さくする必要があります（P24〜27参照）。

幅、高さを揃える

各列の幅を同じサイズに揃えたい場合は、その範囲をドラッグして選択し、表ツールの［レイアウト］タブにある田（**幅を揃える**）をクリックします。すると、選択していた列の幅を等分割することができます。同様に、田（**高さを揃える**）で行の高さを揃えることも可能です。

卒業論文では、用紙の左右中央に表を配置するのが一般的です。この指定を行うときは、表の左上にあるをクリックして表全体を選択し、［**ホーム**］**タブ**にある≡をクリックして**中央揃え**を指定します。

3.2.5 図表番号の挿入

続いては、表に**図表番号**を挿入する方法について解説します。画像に図表番号を挿入する場合とよく似ているので、本書のP157〜161も参考にしてください。作成した表に図表番号を挿入するときは、以下のように操作します。

① ⊕をクリックして表全体を選択します。続いて、表内を**右クリック**し、[**図表番号の挿入**]を選択します。

② 図表番号の設定画面が表示されるので、「**ラベル**」に「**表**」を選択します。なお、ラベルの一覧に「表」の文字が表示されていない場合は、[ラベル名]ボタンをクリックし、「表」と自分で入力します。

③「表1」（図表番号）に続けて**表の説明**を入力します。表の場合は、図表番号を上に配置するのが一般的なので、「**選択した項目の上**」が指定されているのを確認してから [**OK**] ボタンをクリックします。

④ 表のすぐ上の行に**図表番号**と**表の説明**が挿入されます。

　「表の図表番号」と「図の図表番号」は互いに独立しているため、画像の数に関係なく図表番号は「表1」から開始されます。ただし、「**図表番号**」**のスタイル**は共通となります。上記の例では「図表番号」のスタイルに「中央揃え」が指定されているため、特に書式指定を行わなくても図表番号が左右中央に配置されます。両端揃え（左揃え）で図表番号が配置された場合は、「図表番号」のスタイルを「中央揃え」に変更しておいてください（P160 ～ 161参照）。

3.2.6 相互参照の挿入

画像の場合と同様に、**相互参照**を使って「表1」などの文字を本文に記載することも可能です。基本的な操作手順は「図」の相互参照と同じですが、念のため、操作例を示しておきましょう。

① **相互参照**を挿入する位置にカーソルを移動し、[**参考資料**] タブにある「**相互参照**」をクリックします。

② 相互参照の設定画面が表示されるので、「**参照する項目**」に「**表**」を選択します。

③ 図表番号の一覧が表示されるので、この中から参照する**図表番号を選択**します。続いて「**相互参照の文字列**」を指定します。「表1」などの文字だけを本文に表示させる場合は、ここで「**番号とラベルのみ**」を選択してから［**挿入**］ボタンをクリックします。

④ カーソルがあった位置に**相互参照**が挿入されます。

この場合は「図表番号」と「相互参照」がリンクされるため、表の増減に合わせて「表○」の数字を修正できるようになります。ただし、**図表番号の更新**（**フィールド更新**）は手動で行う必要があります。これについてはP164～165に示した手順を参考にしてください。

3.3 グラフの作成と編集

続いては、文書に**グラフ**を配置する方法を解説します。数値データの推移をわかりやすく示したい場合などに活用してください。

3.3.1 グラフの作成

卒業論文に掲載するグラフをExcelで作成してある場合は、**コピー**と**貼り付け**を利用して文書にグラフを貼り付けることも可能です。まずはExcelを起動し、作成したグラフ内の余白をクリックしてグラフ全体を選択します。その後、[**Ctrl**]+[**C**]キーを押してグラフをクリップボードにコピーします。

グラフをクリックして選択し、[Ctrl]+[C]キーでコピーする

続いて、卒業論文の文書ファイルをWordで開き、グラフを貼り付けたい位置にカーソルを移動します。この状態で[**Ctrl**]+[**V**]キーを押すと、先ほどコピーしておいたグラフを文書に貼り付けることができます。

文書に貼り付けたグラフのサイズを変更するときは、四隅にある**ハンドル**をマウスでドラッグします。

まだグラフを作成していない場合は、Wordに用意されている機能を使ってグラフを作成することも可能です。この場合は以下のように操作します。

① グラフを作成する位置にカーソルを移動し、[**挿入**]**タブ**にある「**グラフ**」をクリックします。

② 以下の図のような画面が表示されるので、**グラフの種類と形式**を指定し、[**OK**] **ボタン**をクリックします。

③ グラフの基データを入力する画面が表示されるので、各セルに**見出しの文字**や**数値データ**を入力します。データを全て入力できたら ✕ をクリックしてウィンドウを閉じます。

系列数、項目数の変更

最初は、3系列×4分類の範囲が「グラフ化される範囲」として設定されています。系列の数や分類の数を変更するときは、この範囲の右下にある ■ をドラッグします。

④ 文書にグラフが挿入されるので、四隅にある**ハンドル**をドラッグしてグラフのサイズを調整します。

3.3.2 グラフの配置

　卒業論文では、グラフを用紙の左右中央に配置するのが一般的です。この指定方法は、画像や表を配置する場合と同じです。**グラフ内の余白をクリック**してグラフ全体を選択し、[**ホーム**]**タブ**にある≡（**中央揃え**）をクリックすると、グラフを用紙の左右中央に配置できます。

3.3.3 グラフの編集

　文書に貼り付けたグラフを編集することも可能です。この操作手順は、Excelでグラフを編集する場合と基本的に同じです。詳しくはExcelの解説書などを参考にしてください。ここでは、卒業論文でよく使用するグラフ編集についてのみ簡単に紹介しておきます。

　卒業論文では、グラフのタイトルを**図表番号**で示すのが一般的です。よって、グラフ タイトルは削除しても構いません。＋（**グラフ要素**）をクリックし、「**グラフ タイトル**」のチェックを外しておくとよいでしょう。そのほか、凡例の削除、軸ラベルの表示などを＋で指定することも可能です。

また、**グラフ ツール**の[**デザイン**]タブにある「**グラフ要素を追加**」でも各要素の表示/非表示を指定できます。この場合は、各要素を配置する位置も指定できます。凡例の位置を変更したり、縦軸と横軸のどちらか一方だけに軸ラベルを配置する場合などに利用するとよいでしょう。

縦軸に表示する数値の範囲を変更するときは、「**軸の書式設定**」で最小値、最大値、目盛を指定します。

卒業論文でカラーの使用が認められていない場合は、グラフをグレースケールに変換しておく必要があります。この操作は、**グラフ ツール**の[**デザイン**]**タブ**にある「**色の変更**」を利用すると便利です。ここで「色7」や「色11」「色14」といった色の組み合わせを選択すると、グラフをグレースケールに変換できます。

そのほか、グラフを右クリックしたときに表示される「**塗りつぶし**」と「**枠線**」で各系列の色を個別に指定することも可能です。グラフ内をパターンで塗りつぶす場合は、「**データ系列の書式設定**」でパターンの種類と色を指定します。

なお、グラフ内にある軸や軸ラベルの**文字の書式**を変更するときは、各要素をクリックして選択し、[**ホーム**]**タブ**で文字の書式を指定します。

3.3.4 図表番号の挿入

最後に、グラフに**図表番号**を挿入する手順を解説しておきます。グラフ タイトルを削除した場合は、グラフが示す内容を図表番号に記載しておく必要があります。

① グラフ内の余白を右クリックし、[図表番号の挿入]を選択します。

②「**ラベル**」に「**図**」を選択し、**グラフの説明**を入力してから[**OK**]ボタンをクリックします。

③ グラフのすぐ下に**図表番号**と**グラフの説明**が挿入されます。

「ラベル」に「図」を指定した場合は、画像とグラフが共通の図表番号で管理されます。たとえば、グラフより前に2枚の画像（図1、図2）がある場合は、グラフの図表番号は「図3」になります。「**図表番号**」のスタイルは画像や表と共通です。

もちろん、**相互参照**を利用したり、**図表番号の更新**を行ったりすることも可能です。これについては本書のP161～165を参考にしてください。

出典の記述について

　企業や個人が書籍、Webなどに公開しているグラフ（図表）を利用するときは、その制作者に転載の許可を得ておく必要があります。企業や個人が公表している統計データを基に自分でグラフを作成する場合も同様です。官公庁が発表している資料、白書などは許可なく利用できるのが一般的ですが、この場合も必ず出典を明記しておく必要があります。転載の可否を自分で判断できない場合は、いちど指導教官に相談してみてください。

3.4 数式の入力

続いては、Wordに用意されているツールを使って文書に**数式**を入力する方法を解説します。研究内容によっては、数式入力が論文作成に欠かせないスキルとなるので、よく使い方を学習しておいてください。

3.4.1 数式の入力

文書に**数式**を入力するときは、Wordに用意されている**数式ツール**を利用します。まずは、数式の入力を開始する手順を解説します。

① 数式を入力する位置にカーソルを移動し、[**挿入**] **タブ**にある「**数式**」をクリックします。

② **数式ツール**の [**デザイン**] タブが表示されるので、「**標準テキスト**」のコマンドを2回クリックし、文字の種類を数式用の斜体に変更します。

192

③［半角/全角］キーを押して**半角入力モード**に切り替えます。その後、数式をキーボードから入力していきます。

数式内のアルファベットや数字は、通常の文字と同様にキーボードを使って入力します。数式ならではの記号は、**数式ツール**の［**デザイン**］**タブ**に用意されているコマンドを利用して入力します。以降に、各コマンドの概略を紹介しておくので参考にしてください。

■**分数の入力**

分数を入力するときは「**分数**」をクリックし、一覧から**分数の種類**を選択します。

■べき乗根の入力

√の記号を入力するときは「**べき乗根**」をクリックし、一覧から√の種類を選択します。

■積分、大型演算子などの入力

これまでの解説と同様の手順で、∫（積分）やΣ（総和）、lim（極限）、行列などの記号を入力することも可能です。記号を選択した後は**点線の四角形**をクリックし、各位置に文字や数字を入力していきます。

第 3 章　図表と数式
3.4　数式の入力

図 3-1　積分

図 3-2　大型演算子

図 3-3　関数

図 3-4　行列

■ギリシア文字などの入力

　ギリシア文字や数学でよく使わる特殊文字は、「**記号と特殊文字**」を使って入力します。▼をクリックして一覧から記号を選択すると、その記号をカーソル位置に入力することができます。

　なお、目的の記号が一覧に表示されていなかった場合は、「**基本数式▼**」をクリックすると、一覧表示する記号のカテゴリを切り替えることができます。

■カッコの入力

　カッコの記号も［デザイン］タブを使って入力するのが基本です。この場合、内容に応じてカッコのサイズが自動調整されるようになります。

種類を選択

内容に応じて
サイズが自動調整される

■上付き文字やアクセントなどの入力

　上付き文字や**下付き文字**を入力するときは、文字を選択した状態でコマンドをクリックし、添字の位置を選択します。

クリック／位置を選択／文字を選択

クリックして添字を入力

同様に**アクセント**を付ける場合も、文字を選択してからアクセントの種類を選択します。

図3-5　アクセント

数式入力中のカーソル移動

　文字入力を行う位置をマウスで指定しにくい場合は、キーボードの［→］キーや［←］キーを使ってカーソルを移動させると便利です。分数や添字を入力した後に「通常サイズの文字」を入力する場合などに活用してください。

数式の改行

　数式を途中で改行することも可能です。この場合は、数式を1行で入力した後、改行する位置へカーソルを移動し、右クリックメニューから［**任意指定の改行を挿入**］を選択します。その後、2行目の先頭で［Tab］キーを押していくと、「＝」の記号に揃えて数式を配置できます。

数式の入力が済んだら、右端にある ▾ をクリックして数式の配置（行揃え）を指定します。以上で、数式の入力は完了となります。

3.4.2 文中数式の入力

何も入力されていない段落に数式を作成すると、その数式は**独立数式**として扱われます。この場合は「数式だけで段落が構成される」と解釈されるため、数式を本文中に移動することはできません。

数式を本文中に移動するには、以下の手順で数式の種類を**文中数式**に変更しておく必要があります。

続いて、数式の左上にあるを移動先へドラッグ＆ドロップすると、本文中に数式を移動できます。

なお、段落の途中にカーソルを置いて数式の入力を開始した場合は、自動的に**文中数式**に変更されるため、数式の種類を変更する必要はありません。本文中に**変数**を入力する場合などに活用してください。

文中数式への自動変更

独立数式の前後に文字を入力すると、数式の種類が自動的に文中数式に変更されます。数式ツールを利用するときは、このような仕組みがあることも覚えておいてください。

文中数式を使用するときは、カーソルの位置にも注意しなければいけません。以下の図のように「数式を囲む枠線」が表示されている場合は、カーソルは**数式の領域内**にある状態となります。

> 数式ツールを使って正規分布の確率密度関数 $f(x) = \frac{1}{\sqrt{2\pi\sigma^2}} exp\left(-\frac{(x-\mu)^2}{2\sigma^2}\right)$ を入
> る。
> 　Word の数式ツールは、複雑な数式を入力するだけでなく、本文中に変数
> にも活用できる。たとえば、x_i のように数式用の斜体で文字を表記すること
>
> カーソルは数式の領域内

　この状態は数式の編集モードとなります。通常の文字編集を行うには、キーボードの［→］**キー**を押してカーソルを**数式の領域外**へ移動させる必要があります。「数式を囲む枠線」が表示されなくなれば、通常の文字編集モードになります。

> 数式ツールを使って正規分布の確率密度関数 $f(x) = \frac{1}{\sqrt{2\pi\sigma^2}} exp\left(-\frac{(x-\mu)^2}{2\sigma^2}\right)$ を入
> る。
> 　Word の数式ツールは、複雑な数式を入力するだけでなく、本文中に変数
> にも活用できる。たとえば、x_i のように数式用の斜体で文字を表記すること
>
> カーソルは数式の領域外

　両者の違いを区別しないまま作業を続けると、思わぬトラブルを招く恐れがあります。数式の前後に文字を入力する際は、カーソルの位置をよく確認するようにしてください。

3.4.3　数式番号の挿入

　卒業論文では、数式の右端に**数式番号**を記述するように定められている場合があります。この場合も**図表番号**を利用すると便利です。以下に、数式番号を挿入するときの操作手順を紹介しておくので参考にしてください。

① 数式の後(**数式の領域外**)にカーソルを移動し、[**参考資料**]**タブ**にある「**図表番号の挿入**」をクリックします。

② 図表番号の設定画面が表示されるので、ラベルに「**数式**」を選択して[OK]ボタンをクリックします。

③ 数式の後に**図表番号**が挿入され、数式が**文中数式**に変更されます。続いて、[**ホーム**]**タブ**の「段落」の領域にある をクリックします。

④「**段落**」**ウィンドウ**が表示されるので、[**タブ設定**]ボタンをクリックします。

⑤ まずは、**数式を左右中央に揃えるタブ位置**を指定します。本書の例では「本文の文字数」を40字に設定しているため、その中間位置は20字になります。よって、「タブ位置」に「20」と入力し、「**中央揃え**」を選択してから[**設定**]ボタンをクリックします。

⑥ 続いて、**図表番号を右端に揃える**タブ位置を指定します。本書の例では「本文の文字数」を40字にしているため、その右端は40字になります。よって、「タブ位置」に「40」と入力し、「**右揃え**」を選択してから[**設定**]ボタンをクリックします。

⑦ 2つの**タブ位置**を設定できたら[**OK**]ボタンをクリックします。

⑧ 数式の前後(**数式の領域外**)で[**Tab**]キーを押してタブ文字を入力します。状況がわかりやすいように ✎ をONにして編集記号を表示しておくとよいでしょう。

⑨ **数式番号（図表番号）** をカッコで囲んで示す場合は、**カッコの文字を入力**します。

⑩ をクリックして数式全体を選択し、**文字サイズ**を調整します。

⑪ 以上で**数式番号（図表番号）**の挿入は完了となります。

第4章

論文作成を補助する機能

4.1　ナビゲーション ウィンドウ

4.2　検索と置換

4.3　文章の校正

4.4　PDF ファイルの作成

第4章では、文書の編集作業を進めていくときに役立つ便利な機能を紹介します。卒業論文に限らず、あらゆる文書に応用できる機能なので、ぜひ使い方を覚えておいてください。

4.1 ナビゲーション ウィンドウ

ナビゲーション ウィンドウは、何十ページにも及ぶ文書を快適に操作するときに役立つ機能です。この機能を使うと、文書を延々とスクロールさせなくても、すぐに目的の位置を画面に表示できるようになります。

4.1.1 ナビゲーション ウィンドウの表示

ナビゲーション ウィンドウを表示するときは、[**表示**] タブにある「**ナビゲーション ウィンドウ**」をチェックします。すると、画面の左側に現在編集している文書の**見出し**が一覧表示されます。

ここには、「レベル1」～「レベル9」の**アウトライン レベル**が指定されている段落が表示されます。各見出しの左にある ◢ や ▷ をクリックして、下位レベルの見出しの表示／非表示を切り替えることも可能です。

4.1.2 指定箇所の表示

ナビゲーション ウィンドウは、目的の位置へ素早く移動する場合などに利用します。ナビゲーション ウィンドウに表示された「見出し」をクリックすると、該当位置を即座に画面に表示することができます。

4.1.3 文章構成の変更

　文書の構成を再構築する場合にもナビゲーション ウィンドウが活用できます。ナビゲーション ウィンドウで「見出し」を上下にドラッグ＆ドロップすると、その「見出し」と「本文」を文書内で自由に並べ替えることができます。**見出し番号**を自動入力している場合は、移動後の構成に合わせて見出し番号も自動調整されます。もちろん、章や節をまたいで文章を移動させることも可能です。

第4章 論文作成を補助する機能
4.2 検索と置換

4.2 検索と置換

　文書内で特定の語句が記載されている箇所を探し出すときは、**検索**機能を利用すると便利です。また、特定の語句を他の語句に置き換えたり、語句を統一したりする場合は**置換**機能が便利に活用できます。

4.2.1 検索の実行手順

　まずは、**検索**機能の使い方から解説します。Wordで文字の検索を行うときは、次ページに示した手順で操作します。

① [**ホーム**] タブにある「**検索**」をクリックすると、画面の左側に検索欄が表示されます。ここに探している**語句を入力**し、[Enter] キーを押します。

② 検索結果の一覧が表示され、**検索された語句**が黄色く反転して表示されます。

③ 画面左側に表示されている**検索結果をクリック**すると、文書内の該当箇所へ移動できます。

4.2.2 置換の実行手順

特定の語句を他の語句に置き換えたい場合は**置換**機能を利用すると便利です。この機能は、文書内の語句を統一する場合にも活用できます。

① **文書の先頭**にカーソルを移動し、[**ホーム**]**タブ**にある「**置換**」をクリックします。

213

② 置換の設定を行う画面が表示されるので、「**検索する文字列**」と「**置換後の文字列**」を入力し、[**次を検索**]ボタンをクリックします。

③ 「検索する文字列」に一致する語句が反転して表示されます。この状態で[**置換**]ボタンをクリックします。

④ その語句が「置換後の文字列」に置き換わり、次の検索結果が表示されます。以降も同様の操作を繰り返して、文書内の語句を置換していきます。

なお、検索された語句を置換しない場合は、そのまま[**次を検索**]**ボタン**をクリックします。すると、その語句を置換しないで（現状を維持したまま）次の検索結果へ移動することができます。

すべて置換

[すべて置換]ボタンをクリックすると、該当する全ての語句をまとめて置換することができます。ただし、この場合は語句を一つずつ確認できないため、予想外の結果を招く場合があります。[すべて置換]ボタンは、置換機能の使い方に十分に慣れてから利用するようにしてください。

4.3 文章の校正

　Wordには、誤字脱字などをチェックしてくれる校正機能が用意されています。機械による校正なので完璧とはいえませんが、ケアレスミスなどを発見してくれる場合もあります。手軽に利用できるので、ぜひ使い方を覚えておいてください。

4.3.1 スペルチェックと文章校正

　論文を執筆するときは、誤字脱字にも注意しなければいけません。Wordには、ケアレスミスの発見に役立つ校正機能が用意されています。入力ミスや助詞の間違いなどを発見してくれる場合もあるので、本文の執筆がある程度進んだ時点で一度試してみるとよいでしょう。

　ただし、機械による校正なので完璧とはいえません。漢字の変換ミスなどは発見してくれない場合もあります。最終的には自分の目で見て校正しなければいけませんが、補助的な校正機能として利用する価値は十分にあると思います。

　Wordに用意されている校正機能を利用するときは、以下のように操作します。

① Wordの文書ファイルを開き、[校閲]タブにある「スペル チェックと文章校正」をクリックします。

② 文章の校正が開始され、**発見された校正箇所**が画面右側に表示されます。

③ 誤字や脱字が確認された場合は、**文章の修正**を行います。続いて、［再開］ボタンをクリックします。

④ 次の校正箇所が表示されます。修正が不要な場合は、[無視]ボタンをクリックして次の校正箇所へ移動します。

⑤ 文章の校正が全て完了すると、以下の図のような確認画面が表示されます。[OK]ボタンをクリックして校正機能を終了します。

表記ゆれのチェック

「モニタ」と「モニター」のように、同じ意味で表記が異なる語句が発見される場合もあります。この場合は、どちらか一方に表記を統一しておくのが基本です。発見された語句の表記を統一するときは、統一後の表記を「修正候補」から選択し、[すべて修正]ボタンをクリックします。

4.4 PDFファイルの作成

　Wordには、作成した文書をPDF形式に変換して保存する機能が用意されています。卒業論文をPDFで提出する場合は、この機能を使ってPDFファイルを作成するとよいでしょう。最後に、PDFファイルの作成方法について解説しておきます。

4.4.1 PDFファイルに変換して保存

　Wordで作成した文書を**PDFファイル**として保存することも可能です。卒業論文をPDFファイルで提出する場合、他の研究者に卒業論文をメールで送信する場合な

どに活用するとよいでしょう。文書をPDFファイルに変換して保存するときは、以下のように操作します。

① PDFに変換する文書をWordで開き、[**ファイル**]**タブ**を選択します。

②「**エクスポート**」を選択し、[**PDF／XPSの作成**]**ボタン**をクリックします。

第4章 論文作成を補助する機能
4.4 PDFファイルの作成

③「ファイルの種類」に「PDF」が選択されていることを確認してから**ファイル名を入力**します。続いて[**オプション**]ボタンをクリックします。

④ 作成するPDFファイルのオプションを指定し、[**OK**]ボタンをクリックします。なお、各オプションの詳細については4.4.2項(P223〜225)で解説します。

⑤ 手順③の画面に戻るので、[**発行**]ボタンをクリックします。

⑥ 自動的にPDFの閲覧アプリ（Adobe Acrobat Readerなど）が起動し、作成された PDFファイルの内容が表示されます。PDFファイルの内容を確認できたらPDF閲覧アプリを終了させます。

⑦ 保存先フォルダーを開くと、文書が**PDFファイル**として保存されているのを確認できます。

PDFファイルを作成した後も、変換元のWordファイルは削除せずに残しておかなければいけません。PDFファイルは基本的に閲覧専用のファイルとなるため、文章や図表などを修正することができません。文書に修正を加える必要が生じた場合は、Wordファイルを開いて修正作業を行ってから、もう一度PDFファイルを作成し直さなければいけません。

4.4.2 PDFファイルの設定

PDFファイルを作成する際に様々なオプションを指定することも可能です。ファイルの保存画面では、「**標準**」または「**最小サイズ**」のいずれかを指定します。この設定は、特に理由がない限り「**標準**」を指定しておくのが基本です。「**最小サイズ**」を指定するとPDFファイルの容量を小さくできますが、そのぶん画像などの品質が劣化することに注意してください。

[**オプション**] **ボタン**をクリックすると図4.1の設定画面が表示されます。ここでは、PDFファイルに保存するページ、目次情報の追加、などの設定を指定できます。

図4.1　PDFのオプション設定

　以降に、各設定項目の概要を紹介しておくので参考にしてください。

■ページ範囲
　文書の一部をPDFに変換する場合に利用します。一部のページだけをPDFファイルに保存する場合は「**ページ指定**」を選択し、PDF化するページの範囲（○枚目〜○枚目）を指定します。

■発行対象
　通常は「**文書**」を指定します。「**変更とコメントの内容を含む文書**」を指定すると、変更履歴を含むPDFファイルを作成できます（この項目はWordの「変更履歴の記録」が有効になっている場合にのみ選択できます）。

■印刷対象外の情報を含める
　「次を使用してブックマークを作成」をチェックし、「見出し」を選択すると、PDFファイルに目次機能（**しおり**）を追加できます。ただし、この設定は**アウトライン**

レベルと連動しているため、正しい目次を作成するにはアウトライン レベルを適切に指定しておく必要があります。

■ **PDFのオプション**

文書内で使用されているフォントを全て埋め込んだPDFファイルを作成したい場合は、「**ISO 19005-1に準拠**」をチェックします（埋め込み不可のフォントはビットマップに変換されます）。

「**ドキュメントをパスワードで暗号化する**」をチェックすると、パスワード付きのPDFファイルを作成できます。この場合は、正しいパスワードを知っている人だけがPDFファイルを閲覧できるようになります。

索 引

【英数字】

- 1行の高さ …………………………… 22、34
- 2段組み ………………………………… 35
- IME …………………………………… 67
- OneDrive ……………………………… 43
- PDF ファイル ………………………… 219

【あ】

- アウトライン ………………………… 99、106
- アウトライン レベル ……… 94、136、209、224
- 新しいアウトラインの定義 ………… 99、106
- 色の変更 ……………………………… 188
- 印刷 …………………………………… 50
- 印刷の向き …………………… 30、33、70
- 印刷プレビュー ……………………… 50
- インデント …………………………… 21、121
- 上付き ………………………………… 15、197
- 上書き保存 …………………………… 42
- 欧文フォント ………………………… 11

【か】

- 改ページ ……………………………… 54、112
- 概要 …………………………………… 64、122
- 下線 …………………………………… 14
- 画像 …………………………………… 152
- かっこ ………………………………… 197
- 記号と特殊文字 ……………………… 196
- 行送り ………………………………… 34

- 行間 …………………………………… 22
- 行間のオプション …………………… 25
- 行数 …………………………………… 33、71
- 行揃え ………………………………… 19、156
- ギリシア文字 ………………………… 196
- 均等割り付け ………………………… 19、121
- 句読点 ………………………………… 67
- グラフ ………………………………… 181
- グラフ タイトル ……………………… 186
- グラフ要素 …………………………… 186
- グラフ要素を追加 …………………… 187
- グリッド線 …………………………… 22
- 罫線 …………………………………… 171
- 罫線の書式設定 ……………………… 171
- 検索 …………………………………… 211
- 項見出しのスタイル ………………… 115
- コピー ………………………………… 59、181

【さ】

- 参考文献 ……………………………… 66、145
- しおり ………………………………… 224
- 軸の書式設定 ………………………… 188
- 下付き ………………………………… 15、197
- 謝辞 …………………………………… 66、142
- 斜体 …………………………………… 14
- 出典 …………………………………… 191
- 章見出しのスタイル ………………… 112
- 数式 …………………………………… 192

数式番号 ································· 202
スタイル ················ 73、96、109、160
スタイルのウィンドウ表示 ··············· 87
スタイルの管理 ···························· 89
スタイルの作成 ···························· 74
スタイルの適用 ···························· 77
スタイルの並び順 ·························· 91
スタイルの編集 ···························· 80
図表番号 ·············· 157、177、190、202
図表番号の更新 ··························· 164
スペルチェックと文章校正 ············· 216
セクション区切り ················· 56、125
節見出しのスタイル ····················· 113
全角入力モード ······························ 5
相互参照 ··························· 161、179
操作アシスト ······························· 60
その他の色 ·································· 13

【た】

高さを揃える ····························· 176
タブ ·· 6
タブ設定 ··································· 204
段組み ······································· 35
段落 ·· 17
段落（ウィンドウ） ········ 24、28、81、94
段落記号 ······························ 17、51
段落前後の間隔 ···················· 27、120
段落前で改ページする ··········· 112、118
置換 ·· 213
中央揃え ················· 19、156、176、185
次の段落と分離しない ··········· 113、115
データ系列の書式設定 ··················· 189
等幅フォント ······························· 11
独立数式 ··································· 199

どじしろ ···································· 33
取り消し線 ·································· 14

【な】

泣き別れ ··································· 114
ナビゲーション ウィンドウ ······ 98、208
名前を付けて保存 ·························· 40
日本語フォント ···························· 11
任意指定の改行を挿入 ··················· 198
塗りつぶし ································ 189

【は】

白紙の文書 ··································· 4
幅を揃える ································ 176
貼り付け ··························· 59、181
番号書式 ··························· 101、107
左揃え ······································· 19
表 ··· 166
表記ゆれ ··································· 219
表紙 ································· 63、117
表示倍率 ···································· 49
標準テキスト ····························· 192
標準のスタイル ·························· 109
フィールド更新 ·························· 164
フォント ····························· 10、23
フォント（ウィンドウ） ················· 16
フォントサイズ ···························· 12
フォントの色 ······························· 13
複数ページ ································ 119
フッター ··························· 128、133
太字 ·· 14
ぶら下げ ··································· 148
プロポーショナルフォント ·············· 11
文献番号 ··································· 145

227

分数	193
文中数式	199
ページ設定	30、56
ページ設定（ウィンドウ）	32
ページ番号	125、128
ページ番号の書式指定	130
べき乗根	194
編集記号	51
編集記号の表示／非表示	52、55、56
編集を有効にする（ボタン）	47
ポイント	12
保護ビュー	47
本文のスタイル	109
本文のフォント	73
本文の文字サイズ	34、71

【ま】

前と同じヘッダー／フッター	128
右揃え	19
見出し番号	99
目次	64、133、224
目次の更新	140、150
目次のスタイル	136
文字色	13
文字サイズ	12、206
文字数	33、71
文字スタイル	83、116
元に戻す	59

【や】

やり直し	59
優先度	91
要旨	64
用紙サイズ	30、32、70
用紙の向き	30、33、70
要約	64
余白	31、33、70

【ら】

リボン	6
両端揃え	19
リンクスタイル	83
レイアウト オプション	157

【わ】

| 枠線 | 189 |

■著者紹介

相澤 裕介（あいざわ ゆうすけ）

4年間の出版社勤務を経たあとフリーのテクニカルライターに転身。現在はパソコン系の書籍を中心に執筆活動を続けている。お酒と麻雀が大好きで、朝が苦手な夜型人間。
名古屋大学大学院　工学研究科　機械情報システム工学専攻（修了）

先輩が教える㉚
論文・レポート作成に使う
Word 2016 活用法

2016年4月 1日　初版第1刷発行
2019年2月20日　　　　第2刷発行

著　者　　相澤 裕介
発行人　　石塚 勝敏
発　行　　株式会社 カットシステム
　　　　　〒169-0073 東京都新宿区百人町4-9-7　新宿ユーエストビル8F
　　　　　TEL　（03）5348-3850　　FAX　（03）5348-3851
　　　　　URL　http://www.cutt.co.jp/
　　　　　振替　00130-6-17174
印　刷　　シナノ書籍印刷 株式会社

本書の内容の一部あるいは全部を無断で複写複製（コピー・電子入力）することは、法律で認められた場合を除き、著作者および出版者の権利の侵害になりますので、その場合はあらかじめ小社あてに許諾をお求めください。

本書に関するご意見、ご質問は小社出版部宛まで文書か、sales@cutt.co.jp宛にe-mailでお送りください。電話によるお問い合わせはご遠慮ください。また、本書の内容を超えるご質問にはお答えできませんので、あらかじめご了承ください。

Cover design Y.Yamaguchi　　　　　　　　　Copyright©2016　相澤 裕介
Printed in Japan　ISBN 978-4-87783-392-3